RAU

Prof. Dr. Hans J. Eysenck

Rauchen und Gesundheit

Plädoyer für mehr Sachlichkeit

Walter Rau Verlag

Teil 2 („Smoking: The Context of the Individual") Kapitel 2 („Smoking and Health" von Hans J. Eysenck) aus dem Buch „Smoking and Society – Toward a More Balanced Assessment", hsg. von Robert D. Tollison (George Mason University)

1. Auflage 1987

Aus dem Englischen übersetzt von Brian Rasmussen, B. A., B. Ed. und Doris Schmitz-Stephan.

Satz: Formsatz GmbH, Diepholz
Druck und Buchbindung: Druckerei Schadel GmbH & Co KG, Bamberg

ISBN 3-7919-0284-9

Inhaltsverzeichnis

Vorwort des Herausgebers

Die herkömmlichen Urteile über das Rauchen sind bekannt: Wer raucht, stirbt früher als ein Nichtraucher, und er leidet häufiger an Lungenkrebs oder Herzinfarkt. Die Gesundheitspolitiker aller Länder werden nicht müde, ihren Kampf gegen das Rauchen mit furchterregenden Zahlen über Rauchertote und durch Rauchen verursachte Gesundheitskosten zu begründen.

Die medizinische Wissenschaft ist sich ihrer Sache längst nicht so sicher. Zwar liegt eine Fülle prospektiver und retrospektiver Untersuchungen vor allem aus den 50er und 60er Jahren vor, in denen ein statistischer Zusammenhang zwischen Rauchen und den verschiedenen ihm zugeschriebenen Krankheiten aufgezeigt wurde. Aber statistische Zusammenhänge sind kein Beweis für eine Ursache-/Wirkungsbeziehung, und Zweifel an der wissenschaftlichen Solidität der erhobenen Daten und ihrer Auswertung existierten von Anfang an. Als zweifelhaft wurden auch die Ergebnisse der wenigen vorliegenden Tierexperimente beurteilt, vor allem hinsichtlich ihrer Übertragbarkeit auf den Menschen.

Bereits 1959 kommentierte der weltweit anerkannte Statistikprofessor und Genetiker Sir Ronald Fisher, Mitglied der Royal Statistical Society, daß die bisher vorliegenden Daten nicht die Schlüsse rechtfertigten, die von ihnen abgeleitet worden seien. Zwischenzeitlich haben sich die Zweifel an der herkömmlichen Auffassung zum Rauchen durch weitere kritische Arbeiten verdichtet. 1980 schrieb dazu die Münchener Medizinische Wochenschrift: „Zahlreiche, kaum mehr überschaubare epidemiologische Daten stehen gegen das Rauchen. Auf eine handliche Formel gebracht: Wer raucht, schädigt sich. Die Beweisführung wird allerdings außerordentlich schwierig, wenn man von der epidemiologischen auf die zellulär-molekulare Ebene überwechselt. Hier sind die Kausalitäten nicht so eindeutig auszumachen, wohl auch noch mangelhaft erforscht. Was theoretisch plausibel klingt, muß nicht immer auch wahr sein."

Die Epidemiologie scheint an wissenschaftliche Grenzen gestoßen zu sein. Durch nichts wurde dies besser dokumentiert als durch den Versuch des englischen Epidemiologen Sir Richard Doll, bei einer Expertenanhörung in Spanien die Ehre seiner Zunft zu verteidigen. Als Zweifel an den epidemiologischen Daten über die Ursachen der Massenerkrankungen nach dem Genuß gepanschten Speiseöls laut wurden, entgegnete er: „Wir konnten seinerzeit doch auch belegen, daß Zigaretten Lungenkrebs hervorrufen, ohne die verursachende Substanz zu kennen und ohne jeglichen beweiskräftigen Tierversuch." Doll ist einer der führenden Vertreter des Kausalzusammenhangs zwischen Rauchen und Krankheit.

Neuere Forschungsansätze beginnen, sich in der wissenschaftlichen Diskussion ihren Platz zu erobern. Im Zeitalter von Gentechnologie und wachsender Sensibilisierung vor Umweltverseuchungen richtet sich das Augenmerk zunehmend auf die bisher weit unterschätzte Rolle ererbter und durch Arbeit und Umwelt an den Menschen herangetragener gesundheitlicher Risiken. Die moderne medizinische Betrachtungsweise ganzheitlichen Zusammenwirkens von Körper und Seele auch im Bereich des körpereigenen Abwehrsystems eröffnet eine weitere Perspektive. Die Psyche wird heute nicht nur von einigen versponnenen Theoretikern als ernstzunehmender Risikofaktor in einem Krankheitsgeschehen beurteilt.

Prof. Hans Jürgen Eysenck, international bekannter Psychologe an der Universität London und seit langem skeptisch gegenüber der pauschalen Verurteilung des Rauchens, hat im vorliegenden Beitrag die klassische Literatur zum Rauchen im Lichte dieser modernen medizinisch-wissenschaftlichen Erkenntnisse einer neuen kritischen Würdigung unterzogen. Sein Urteil: „Die Standardauffassung, derzufolge Rauchen Lungenkrebs und koronare Herzkrankheit verursacht und größtenteils für die mit diesen Krankheiten verbundenen Sterbefälle verantwortlich ist, wurde bisher durch die Forschung keineswegs schlüssig bewiesen." Eysenck räumt aber auch ein, daß die unkonventionellen Erklärungsansätze möglicherweise nur einen Teil der Wahrheit darstellen. Er fordert daher verstärkte internationale Forschungsanstrengungen auf diesen Gebieten. Das größte Hindernis für die Erweiterung des Wissensstandes sei die Annahme, daß die Wahrheit bereits gefunden sei oder daß alternative Theorien nicht existierten.

In diesem Sinne will der vorliegende Beitrag die öffentliche Diskussion über das Rauchen anregen und das Seine dazu beitragen, Halbwahrheiten und Emotionen um den blauen Dunst abzubauen.

Walter Rau Verlag

Einleitung: Die Standardauffassung

In der Wissenschaftstheorie war es unter Philosophen in den frühen zwanziger Jahren dieses Jahrhunderts üblich, wissenschaftliche Theorien mittels eines axiomatischen Kalküls zu formulieren. Sie wurden durch korrespondierende Regeln interpretiert, die zum Teil auf Beobachtungen basieren. Diese Wissenschaftsrichtung ist als „received view of theories" (Putnam, 1962; Suppe, 1974) bekannt geworden. Hier wird sie im weiteren Verlauf als Standardauffassung bezeichnet. Zwischen 1920 und 1950 bedienten sich Wissenschaftstheoretiker fast ausnahmslos dieser Auffassung, die auch als „logischer Positivismus" bzw. als „Wiener Schule" bezeichnet wird, oder setzten sie voraus. Nach 1950 war diese Standardauffassung wachsender Kritik ausgesetzt. Angegriffen wurden sowohl ihre theoretische Konzeption als auch ihre wissenschaftliche Aussagekraft. Insgesamt erwies sich die Kritik als so wohlbegründet, daß unter Theoretikern und Wissenschaftlern bis zum Ende der sechziger Jahre grundlegende Übereinstimmung darüber erzielt war, daß die Standardauffassung zur kritischen wissenschaftlichen Reflexion ungeeignet sei. Suppe (1974) hat darauf hingewiesen, daß die Standardauffassung inzwischen vollständig abgelehnt wird. Allgemeine Zustimmung zu alternativen Analyse- oder Theorieansätzen blieb jedoch aus.

Im Themenkreis Rauchen ist eine analoge Situation zu erkennen. Rauchen wird als Gesundheitsrisiko, als Ursache für Lungenkrebs, koronare Herzkrankheit und viele andere Erkrankungen angesehen. In den USA hat diese Auffassung durch Berichte des Surgeon General große Publizität erhalten, in Großbritannien durch das Royal College of Physicians. Sie ist aber auch zunehmend kritischer geprüft worden. Bedeutende Statistiker, Epidemiologen und Krebsforscher haben Einwände erhoben. Die Gültigkeit der Standardauffassung wird ernsthaft bezweifelt; allerdings konnte man sich noch auf keinen der diskutierten neuen Theorieansätze einigen.

1. Der Zusammenhang von Rauchen und Krebs

Schon seit 50 Jahren wird ein statistischer Zusammenhang zwischen Rauchen und Krebs vermutet. Studien von Lombard und Doering (1928) in den USA und Müller (1939) sowie Schairer und Schoeniger (1943) in Deutschland ergaben, daß der Anteil der Raucher bei Lungenkrebspatienten höher liegt als in entsprechenden Kontrollgruppen. In retrospektiven Studien über die Rauchgewohnheiten von Lungenkrebspatienten und in Kontrollgruppen führten Schrek u. a. (1950), Mills und Porter (1950), Levin u. a. (1950) sowie Wynder und Graham (1950) den Nachweis für einen eindeutigen Zusammenhang zwischen Rauchen und Lungenkrebs. Dieses Ergebnis wurde durch die besser kontrollierten Untersuchungen von Doll und Hill (1952) in Großbritannien sowie von Hammond und Horn (1958) in den USA bestätigt. Doll und Peto (1976) befaßten sich mit der allgemeinen Sterblichkeit bei Rauchern verglichen mit Kontrollgruppen. Das im Anschluß an diese ersten Studien ständig anwachsende Untersuchungsmaterial wurde in den Berichten des Surgeon General der USA von 1964, 1971, 1972, 1973, 1982 und den Reports des Royal College of Physicians (1971, 1983) gesammelt.

Dem 1982er Report des Surgeon General der USA zufolge gab es in den Vereinigten Staaten ca. 412 000 Sterbefälle mit Krebs als Todesursache. Für 1982 wurden 430 000 Krebstote vorhergesagt, und zwar 233 000 bei Männern und 197 000 bei Frauen. Es hieß dort ferner, daß 22 – 38 Prozent dieser Sterbefälle auf das Rauchen zurückzuführen und mithin potentiell „vermeidbar" seien, wenn überhaupt nicht mehr geraucht würde. Der Report des Surgeon General macht sich hier ganz offensichtlich die *kausale* Interpretation eines *statistischen* Zusammenhangs zwischen Rauchen und Lungenkrebs bzw. anderen Krebsarten zu eigen. Gerade diese Interpretation statistischer Daten wird jedoch von vielen Fachleuten kritisiert, z. B. von Berkson (1958), Berkson und Elveback (1960), Burch (1976, 1978 a, b, c, 1983), Fisher (1958 a, b, c), Katz (1969), Mainland und Herrera (1956), Oeser (1979), Sterling (1973) und Yerushalmy (1962, 1966). Ziel dieser Abhandlung ist es, die Thesen der Verfechter der Standardauffassung zu prüfen und sie der von führenden Statistikern, Epidemiologen und Krebsforschern formulierten Kritik gegenüberzustellen. Es soll also untersucht werden, ob die auf der Standardauffassung beruhenden Thesen wissenschaftlichen Kriterien genügen. Es werden Fakten und Zahlen zur Diskussion gestellt, die in der Standardauffassung nicht berücksichtigt sind, wie z. B. der Zusammenhang zwischen Persönlichkeitsstruktur und Krebs oder zwischen Streß und Krebs. Ferner werden alternative Theorien untersucht. Da man häufig auch koronare Herzkrankheit in statistischen oder kausalen Zusammenhang mit dem Rauchen bringt, werden im Anschluß daran die entsprechenden Zahlen erörtert. Auch hier ist die Beweisführung kritisiert worden und soll ausführlicher behandelt werden. Von Interesse sind schließlich alternative Ansätze, die viele von der Standardauffassung nicht berücksichtigte Fakten erklären.

Die Theorie, derzufolge das Rauchen eine kausale Rolle bei der Entstehung von Krebs, koronarer Herzkrankheit und anderen Erkrankungen spielt, hat Anlaß zu Spekulationen gegeben: Wie viele Menschen könnten zum Beispiel gerettet werden, wenn nicht mehr geraucht würde? Burch (1978) zitiert Studien von Higginson und Doll, nach denen die Krebshäufigkeit „um mindestens 80 – 90 Prozent" zu senken sein dürfte, wenn das Zigarettenrauchen aus der Welt geschafft werden könnte. Im Report des Surgeon General der USA (1982) wird die Ansicht vertreten, daß „schätzungsweise 85 % aller Lungenkrebsfälle auf das Zigarettenrauchen zurückzuführen sind" und folglich „85 % aller Sterbefälle durch Lungenkrebs vermeidbar gewesen wären, wenn die Betroffenen niemals geraucht hätten". Der frühere Minister für Gesundheit, Erziehung und Soziales der USA,

Joseph Califano, erklärte in einer Rede am 11. Januar 1978, daß im Jahr 1977 220000 Sterbefälle infolge von Herzerkrankung, 78000 infolge von Lungenkrebs und 22000 durch andere Krebsarten (einschließlich Blasenkrebs), insgesamt also 320000 Sterbefälle ursächlich auf das Rauchen zurückzuführen seien. Einen Monat später nannte der Minister das Zigarettenrauchen als Ursache für 15000 Sterbefälle durch chronische Bronchitis und Emphysem, 125000 durch Herzerkrankung und 100000 durch Krebs. Es hieß nun, die Gesamtzahl der Sterbefälle belaufe sich auf „über 320000". Für keine dieser Zahlen wurde ein Quelle genannt. Der Minister begründete auch nicht, warum chronische Bronchitis und Emphysem nur in der Aufstellung vom Februar enthalten waren. Califano blieb ferner eine Erklärung dafür schuldig, weshalb das Rauchen seinen Schätzungen zufolge für 40 % aller Krebssterbefälle pro Jahr verantwortlich war, denn diese Zahl ist doppelt so hoch, wie von der American Cancer Society angenommen wird. Mit ganz ähnlicher Tendenz äußerte sich auch Dr. David Owen, früherer Minister für Gesundheit und Soziales in Großbritannien. 50000 Sterbefälle in Großbritannien lassen sich seiner Ansicht nach auf das Rauchen zurückführen und hätten demzufolge in einer Nichtrauchergesellschaft vermieden werden können. Wissenschaftlich gesehen sind solche Angaben völlig bedeutungslos, da es sich lediglich um Hochrechnungen aus epidemiologischen Zahlen handelt, die hier näher untersucht werden sollen.

Um zu entscheiden, ob diese Zahlen stichhaltig oder rein spekulativ sind, muß man zunächst einen Blick auf die wenig gesicherte Grundlage solcher Schätzungen werfen. Sie stützen sich in aller Regel auf Zahlen, wie sie in Tabelle 1 aufgeführt sind, die beweisen sollen, daß Raucher einer bestimmten Alters- bzw. Geschlechtsgruppe häufiger an einer bestimmten Krankheit sterben als Nichtraucher. Der Unterschied wird jeweils durch den „Sterblichkeitsquotienten" (altersbereinigte Sterbeziffer) ausgedrückt, der das Verhältnis von Rauchern zu Nichtrauchern, die laut Sterbeurkunde an der gleichen Krankheit gestorben sind, angibt. In der

Spalte „Raucher" ist die Zahl der Sterbefälle in der untersuchten Gruppe von Rauchern aufgeführt, in der Spalte „Nichtraucher" die Zahl der Sterbefälle bei den Nichtrauchern. Der Spalte „D" ist die absolute Differenz aus den beiden ersten Spalten zu entnehmen: In den Vereinigten Staaten lag z. B. bei einer Population von insgesamt 100000 Personen die Zahl der Sterbefälle durch koronare Herzkrankheit in der Gruppe der Raucher um 4746 höher als in der vergleichbaren Gruppe der Nichtraucher. Die Spalte „Sterblichkeitsquotient" zeigt das Verhältnis Raucher/Nichtraucher. Für Lungenkrebs beträgt dieser Quotient 10,8, d. h., in der Gruppe der Raucher starben annähernd elfmal mehr Personen an Lungenkrebs als in der vergleichbaren Nichtrauchergruppe. Wie man in Tabelle 1 sieht, überwiegt die Zahl der Krankheiten mit Sterblichkeitsquotienten über 1. Das würde bedeuten, daß bei Rauchern ein erhöhtes Sterberisiko für diese Krankheiten bestehen könnte.

In der Tabelle 1 ist der Sterblichkeitsquotient bei Lungenkrebs am höchsten, aber in absoluten Zahlen ist bei koronarer Herzkrankheit die Differenz der beiden Spalten „Nichtraucher" und „Raucher" größer. Das erklärt sich daraus, daß weitaus mehr Sterbefälle durch koronare Herzkrankheit als durch Lungenkrebs zu verzeichnen sind. Da Lungenkrebs und koronare Herzkrankheit im Rahmen der Standardauffassung eine sehr große Rolle spielen, konzentriert sich die vorliegende Abhandlung auf die Beweisführung hinsichtlich dieser beiden Erkrankungen.

Vor einer genaueren Erörterung der Zahlen in Tabelle 1 ist auf folgendes hinzuweisen: 1. Sterblichkeitsquotienten fallen je nach Population sehr unterschiedlich aus; die Zahlen in Tabelle 1 veranschaulichen lediglich die Situation in den USA im Zeitraum eines bestimmten Jahres. In anderen Populationen und zu anderen Zeiten würde man unter Umständen zu ganz anderen Ergebnissen kommen. Dieser Punkt wird später noch eingehender behandelt. 2. Zu berücksichtigen ist, daß der Sterblichkeitsquotient für das Rauchen auch unter dem Wert 1 liegen kann. Das würde dann für eine positive Wirkung des Rauchens sprechen,

Tabelle 1. Sterbefälle durch verschiedene Todesursachen bei Nichtrauchern und Rauchern sowie Sterblichkeitsquotienten

	Nicht-raucher	Raucher	D	Sterblich-keits-quotient
Lungenkrebs	170	1.833	1.657	10,8
Bronchitis und Emphysem	90	546	456	6,1
Kehlkopfkrebs	14	75	61	5,4
Krebs der Mundhöhle	37	152	115	4,1
Speiseröhrenkrebs	34	113	79	3,4
Magen- und Zwölffinger-darmgeschwüre	105	294	189	2,8
Kreislauferkrankungen	254	649	395	2,6
Leberzirrhose	169	379	210	2,2
Blasenkrebs	112	216	104	1,9
Erkrankungen der Koronararterien	6.431	11.177	4.746	1,7
Andere Herzkrankheiten	526	868	342	1,7
Hypertonische Herzkrankheiten	409	631	222	1,5
Arteriosklerose	211	310	99	1,5
Nierenkrebs	79	210	41	1,5
Sonstige Krebsarten	1.061	1.524	463	1,4
Magenkrebs	285	413	128	1,4
Grippe, Pneumonie	303	415	112	1,4
Sonstige Todesursachen	1.509	1.946	437	1,3
Zerebrovaskuläre Läsionen	1.462	1.844	382	1,3
Prostatakrebs	253	318	65	1,3
Unfälle, Suizide, Gewalteinwirkung	1.063	1.310	247	1,2
Nephritis	156	173	17	1,1
Rheumatische Herz-erkrankungen	291	309	18	1,1
Rektumkarzinom	208	213	5	1,0

Quelle: Report des Royal College of Physicians über Rauchen und Gesundheit, 1971

wenn man sich die Argumentationsweise der Verfechter der Standardauffassung zu eigen machte. Kahn (1966) ermittelte einen Sterblichkeitsquotienten von 0,9 für Rektumkarzinom. Hammond errechnete für Kolonkarzinom Sterblichkeitsquotienten von 0,78 und 0,66 bei Frauen, die rauchten bzw. stark rauchten; bei Männern lagen die entsprechenden Sterblichkeitsquotienten bei etwas über 1. Choi, Schumann und Gullen (1970) ermittelten einen negativen Zusammenhang zwischen Zigarettenrauchen und primären Neoplasmen im zentralen Nervensystem. Auch zwischen dem Alkoholkonsum und Neoplasmen dieses Typs wurde von den Autoren ein negativer Zusammenhang festgestellt. Für die Parkinsonsche Krankheit hat man ebenfalls einen negativen Zusammenhang ermittelt. Kahn (1966) berichtet von einem Sterblichkeitsquotienten von 0,26; Hammond (1966) errechnete für eine ältere Testgruppe 0,81. Nefzger u. a. (1968) schließlich stellten fest, daß aus einer Gruppe von 138 Patienten mit Parkinsonscher Krankheit nur 70 % schon einmal geraucht hatten, während der Anteil der Raucher in einer Kontrollgruppe von 166 Personen bei 84 % lag. Die Unterschiede im Rauchverhalten bestanden bereits vor Ausbruch der Krankheit, der negative Zusammenhang war also keine Folge der Krankheit selbst. Kessler (1972) sowie Westlund (1970) in Norwegen kamen zu ähnlichen Ergebnissen. Negative Zusammenhänge werden in der Literatur auch bei Trigeminus-Neuralgie (Rothman & Monson, 1973) und Diabetes (Hirayama, 1972) erwähnt.

Es geht hier keineswegs darum, eine positive Wirkung des Rauchens nachzuweisen. Genausowenig sind aber Sterblichkeitsquotienten mit Werten über 1 wie in Tabelle 1 an sich schon ein Beweis für die negative Wirkung des Rauchens. Die Ableitung einer Kausalbeziehung aus einem vorliegenden Zusammenhang stellt sich viel schwieriger dar.

3. Falls das Rauchen wirklich eine Krebsursache sein sollte (und gesetzt den Fall, daß es überhaupt sinnvoll ist, bei einer so komplizierten Krankheit wie Krebs *Einzel*ursachen isolieren zu wollen), so stellt es doch weder eine *ausschließliche* noch *hinreichende* Ursache dar: Zumindest in

mitteleuropäischen Testgruppen wurde festgestellt, daß auf zehn starke Raucher nur ein Sterbefall durch Lungenkrebs kommt. Das Rauchen ist also keine *hinreichende* Krebsursache. Unter zehn Sterbefällen durch Lungenkrebs ist ein Nichtraucher. Das Rauchen ist also offensichtlich auch keine *ausschließliche* Krebsursache. Der Nachweis von Kausalzusammenhängen ist selbst unter günstigsten Voraussetzungen kompliziert genug. Wenn die potentielle Ursache aber noch nicht einmal die beiden genannten Kriterien erfüllt, steht die Beweisführung vor kaum lösbaren Problemen.

Sterblichkeitsquotienten wie in Tabelle 1 gelten für ein bestimmtes Land zu einem bestimmten Zeitpunkt. Ein weiteres, von den Verfechtern der Standardauffassung häufig vorgebrachtes Argument wird in Abbildung 1 veranschaulicht. Sie zeigt den Zusammenhang zwischen der Sterbeziffer für Lungenkrebs bei Männern im Jahre 1950 (auf der Ordinate) und dem Pro-Kopf-Zigarettenkonsum im Jahre 1930 in verschiedenen Ländern. Der Zeitraum von 20 Jahren wurde aufgrund der Annahme gewählt, daß sich das Rauchen erst nach längerem Konsum auf die Gesundheit auswirkt. Der Korrelationswert beträgt für die angegebenen Länder 0,73 ± 0,30. Es gibt aber auch andere Untersuchungen, in denen Zusammenhänge ermittelt wurden, die nicht signifikant waren.

Internationale Vergleiche dieser Art sind, wie sich zeigen wird, noch größeren Fehlerquellen ausgesetzt und somit noch unzuverlässiger als Untersuchungen, die auf ein einzelnes Land beschränkt sind.

Bei der Betrachtung von Zahlen dieser Art sollte man daran denken, daß es viele Statistiken gibt, in denen Krankheiten mit bestimmten Variablen in Zusammenhang gebracht werden, ohne daß der Nachweis einer direkten Kausalbeziehung recht gelingt. Als ein Beispiel sei der enge Zusammenhang zwischen Fleischkonsum und Darmkrebs auf der Basis von 22 Ländern genannt. Der Korrelationswert liegt über den in Abbildung 1 genannten Werten (Eysenck, 1980, S. 20). Ferner wurden Korrelationen zwischen ischämischer Herzerkrankung und täglichem Milchkonsum (r = 0,75 auf

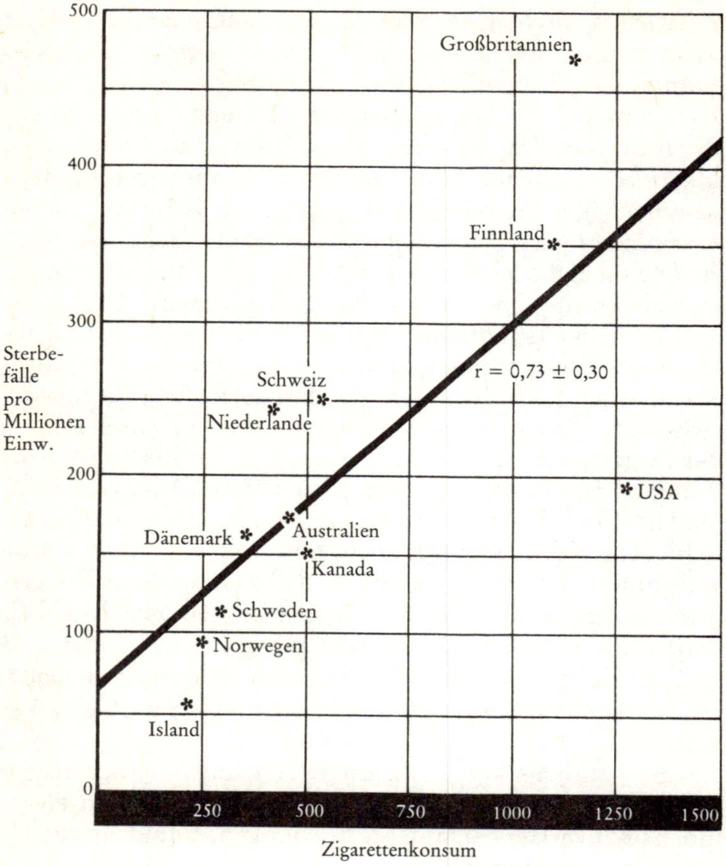

Quelle: Report des Royal College of Physicians über Rauchen und Gesundheit, 1971

Abb. 1. Zigarettenkonsum und Zahl der Sterbefälle pro Million Einwohner in verschiedenen Ländern

Basis von 43 Ländern) bzw. Feinzuckerverbrauch (ebenfalls 0,75 in insgesamt 43 Ländern) festgestellt. Zucker wird auch mit dem Auftreten von Brustkrebs in Verbindung gebracht. Zwei Studien (Monitor, 1983; Seely & Horrabin, 1983) berichten hier von hohen Korrelationen in insgesamt 20 Ländern.

Statistiken lassen sich unbegrenzt anwenden. Denkt man die Argumentation der Standardauffassung konsequent weiter, muß man sich fragen, wie viele Menschen am Leben blieben, wenn man es aufgäbe, Fleisch zu essen, Milch zu trinken und Zucker zu sich zu nehmen.

Ein drittes Argument, auf das sich die Standardauffassung stützt, geht aus der Untersuchung der Sterbeziffern nach Geburtskohorten hervor. In den meisten Gruppen zeigt sich nämlich, daß bei Männern und Frauen mit ansteigender Rauchhäufigkeit auch die altersspezifische Sterblichkeitsrate zunimmt. Anders ausgedrückt: Es scheint demzufolge einen zeitabhängigen Zusammenhang zwischen Tabakkonsum und Lungenkrebshäufigkeit zu geben. Korrelationen in Abhängigkeit von der Zeit erweisen sich aber als besonders anfällig für kausale Fehlinterpretationen. Im Untersuchungszeitraum stieg nämlich nicht nur der Tabakkonsum an, sondern zum Beispiel auch die Anzahl der Autobesitzer, der verkauften Kugelschreiber, der Telefone pro Kopf der Bevölkerung usw. Auch diese Zuwachsraten zeigen wie das Zigarettenrauchen einen Zusammenhang mit der Zunahme der Lungenkrebsfälle. Dieser Gedankengang wird später noch fortgeführt.

Das vierte Hauptargument, dem im Rahmen der Standardauffassung zunehmend mehr Beweiskraft zuerkannt wird, ist folgendes: Der Sterblichkeitsquotient für Lungenkrebs bei Ex-Rauchern liegt augenscheinlich unter dem von Noch-Rauchern. Tabelle 10 im Report des Surgeon General (1982) zeigt die Ergebnisse von vier wichtigen Studien. Berücksichtigt man, wie lange die Personen schon nicht mehr rauchten, ist sicherlich ein solcher allgemeiner Trend erkennbar. Es gibt allerdings einige Ungereimtheiten in dieser Tabelle: Bei Personen im 1. – 4. Jahr nach Aufgabe des Rauchens liegt der Sterblichkeitsquotient anscheinend höher als bei den Rauchern! Der Haupteinwand gegen diese Zahlen ist aber, daß sich die gesamte Beweisführung auf die Annahme stützt, Noch-Raucher und Ex-Raucher wiesen zum

Zeitpunkt, als diese das Rauchen aufgaben, einen ähnlichen oder identischen Gesundheitszustand auf. Diese Annahme ist inzwischen aber klar widerlegt worden, wie noch zu sehen sein wird. Einfache statistische Methoden erweisen sich hier als wertlos, weil die Selektion der Gruppen auf den Angaben der Probanden basiert (Yerushalmy, 1962).

2. Die Zuverlässigkeit der Daten

Die Beweislast für die Argumentation im Sinne der Standardauffassung tragen fast ausschließlich epidemiologische Studien, die auf einem der obengenannten vier Erklärungsansätze basieren. Auch aufwendige Tierversuche wurden zur Erhärtung dieser Thesen durchgeführt. Dazu heißt es im Report des Surgeon General (1982, S. 89), daß „für die experimentelle Untersuchung der oralen Karzinogenese bisher kein brauchbarer Tierversuch gefunden wurde. Werden Zigarettenrauch und Zigarettenrauchkondensat dem Mundraum von Mäusen, Kaninchen oder Hamstern zugeführt, so erzeugen sie dort in der Regel keine malignen Tumore, da mechanische Faktoren, wie z. B. die Speichelsekretion, das Verbleiben der kanzerogenen Substanzen verhindert."

Unter diesen Umständen scheint es geboten, die epidemiologische Beweisführung unter logischen Gesichtspunkten zu untersuchen. Zu klären ist, ob den ermittelten statistischen Korrelationen tatsächlich eine Kausalbeziehung zugrunde liegt. Yerushalmy (1966) hat sich mit diesem Fragenkomplex ausführlicher befaßt; das gilt auch für Burch (1983). Die Hauptpunkte sollen nur kurz erörtert werden, denn die Argumentation dürfte klar sein. Die wesentlichen Argumente werden bereits im ersten Report des Surgeon General, und zwar in der Reihe über „Rauchen und Gesundheit" (1964), skizziert. In einer kritischen Auseinandersetzung mit dem Report argumentiert Brownlee (1965) im „Journal of the American Statistical Association", daß die Arbeitsgruppe des Surgeon General eine Kausalbeziehung zwischen Rauchen und Lungenkrebs nicht schlüssig nachweisen konnte. Brownlee behauptete nicht, daß die Kausalhypothese widerlegt worden sei; er stellte lediglich fest, daß man nicht zu klaren Schlußfolgerungen gelangen konnte, weil zum Beispiel auch die genetische Hypothese noch nicht widerlegt sei. Im 1982er Report des Surgeon General (S. 16) wird folgendermaßen argumentiert: „Erst wenn eine artefaktische Beziehung auszuschließen ist, kann untersucht werden, ob es sich um einen indirekten oder um einen direkten (d. h. kausalen) Zusammenhang handelt." Burch (1982, S. 82) hat darauf hingewiesen, daß „dieser wichtige Schritt zu Beginn der Beweisführung unvollständig und fehlerhaft ist. Es geht nicht um ein ‚Entweder-Oder', da indirekte und direkte Assoziationen einander nicht ausschließen." Burch stellt außerdem fest, daß eine andere Möglichkeit übersehen wurde. Wenn man von einem Zusammenhang zwischen der Rauchgewohnheit (R) und dem in zeitlicher Folge auftretenden Krebs (K) ausgeht, zwingen die Gesetze der wissenschaftlichen Logik dazu, alle folgenden Möglichkeiten in Erwägung zu ziehen:

1. R verursacht K. Das ist, auf einen Nenner gebracht, die Standardauffassung. Es bietet sich natürlich an, einen statistischen Zusammenhang auf diese Weise zu interpretieren, aber es kommen auch die folgenden Alternativen in Betracht.
2. Ein mit dem Rauchverhalten zusammenhängender Teilaspekt könnte K verursachen. Ein Beispiel von Burch: Im Prinzip könnten die auslösenden Karzinogene durch die Art des Anzündens des Tabaks und nicht durch seine Verbrennung freigesetzt werden. Murray (1964) hat eine solche Kausalbeziehung sogar nachzuweisen versucht und Zahlen veröffentlicht, die auf einen engeren Zusammenhang zwischen Qualität und Anzahl verkaufter Feuerzeuge einerseits und Sterbefällen durch Lungenkrebs andererseits hindeuten als zwischen Zigarettenrauchen und Lungenkrebs. Es ist wohl ziemlich unwahrscheinlich, daß es sich hier um Krebsverursacher handelt. In eine Untersuchung müssen jedoch stets alle Faktoren einbezogen werden.
3. Ein Korrelat von R verursacht K. Hier kommen verschiedene Faktoren als Verursacher in Betracht. Vielfach wird

zum Beispiel Streß als mögliche Krebsursache genannt. Viele Beweise sprechen aber auch dafür, daß Streß das Rauchen fördert. Übermäßiger Alkoholkonsum, Kriminalität und häufig wechselnde sexuelle Beziehungen mit verschiedenen Partnern stehen in Verbindung mit dem Rauchen und erhöhen zusammen mit anderen Faktoren die sogenannte „Lebensintensität" („rate of living" – Pearl, 1928), die im Zusammenhang mit Krebs eine Rolle spielen könnte.

4. K oder eine damit zusammenhängende Prädisposition verursacht R. Burch nennt dies die umgekehrt kausale These. Demnach könnten Faktoren, die mit K zusammenhängen, oder eine Prädisposition für K die Ursache dafür sein, daß eine Person zum Raucher wird.
5. Andere Faktoren verursachen bzw. prädisponieren für R *und* K. Nach dieser konstitutionellen Hypothese von Fisher prädisponieren genetische Faktoren jeweils für R und K, das heißt, zwischen R und K besteht eine genetisch bedingte Assoziation.
6. Diese verschiedenen Kausalhypothesen schließen einander keineswegs aus. Womöglich muß eine beliebige Kombination dieser Hypothesen zur Erklärung der beobachteten Assoziationen herangezogen werden. Besonders gilt dies für die beiden bisher wichtigsten Hypothesen, nämlich (1) und (5). Burch (1983, S. 822) vertritt die Ansicht, daß „eine Assoziation überhaupt nur ‚eindeutig bestimmbar' ist, wenn der relative Einfluß der verschiedenen hypothetischen Ursachen auch hinsichtlich ihrer statistischen Signifikanz einschätzbar ist. Überlegungen dieser Art sind in den Berichten des Surgeon General jedoch nicht zu finden."

Wenn man einräumt, daß genetische Faktoren einen Einfluß haben – die Beweise sprechen eindeutig dafür (Eysenck, 1980) –, muß gegen Beweisführungen, die sich auf Korrelationen stützen, der Einwand erhoben werden, daß die Auswahl aufgrund von Angaben der untersuchten Personen eine große Rolle spielt bzw. zu einer schwer einzuschätzenden

Verfälschung der in Untersuchungen ermittelten Zusammenhänge führen kann. Es ist allgemein bekannt, daß die Anwendung signifikanter statistischer Kriterien ein Zufallsverfahren voraussetzt. Es fällt auf, daß die zur Untermauerung der Standardauffassung vorgelegten Daten nicht auf diesem Wege gewonnen wurden. Dabei lassen sich die bei Untersuchungen zum Thema Rauchen und Erkrankungen auftretenden technischen Probleme bei der Zufallsauswahl durchaus umgehen, wie Rose und Hamilton (1978) sowie Rose u. a. (1982) gezeigt haben. Die Autoren der Reports des Surgeon General oder des Royal College of Physicians haben sich mit diesem Thema jedoch gar nicht auseinandergesetzt.

Die aus statistischen Untersuchungen epidemiologischer Daten zu ziehenden Schlußfolgerungen hängen natürlich sowohl von der Logik der Studie als auch von der Qualität der statistischen Analyse ab. Noch entscheidender ist aber die Qualität des Datenmaterials. Wenn die Daten sehr unzuverlässig sind oder eine Voreingenommenheit vorliegt, könnte dies zu fehlerhaften Schlußfolgerungen führen, selbst wenn gegen Methodologie und statistische Analyse keine Einwände bestehen. Die Standardauffassung stützt sich nahezu ausschließlich auf die Diagnose des Mediziners in der Sterbeurkunde. Wie verläßlich diese Daten sind, soll im folgenden näher untersucht werden. Interessanterweise verwenden alle vorliegenden offiziellen Berichte des Surgeon General sowie des College of Physicians diese Daten, ohne ernsthaft zu berücksichtigen, daß der Anteil von Fehldiagnosen sehr hoch ist. Auch verzerrte statistische Ergebnisse als Folge von Voreingenommenheit des Mediziners sind eine gefährliche Fehlerquelle und werden nicht näher erörtert.

Häufig genug ist Kritik daran geübt worden, daß sich Statistiken auf die Diagnose laut Sterbeurkunde stützen. Sterbeurkunden gelten allgemein als ungenau und wenig verläßlich (Abramson u. a., 1971; Beadenkopf u. a., 1963; Briggs, 1975; Wells, 1923; Willis, 1967). Untersuchungen von Britton (1974), Cameron u. a. (1977), Gruver und Freis (1957),

Hartveit (1979), Heasman und Lipworth (1966) sowie Waldron und Vickerstaff (1977) haben diese Kritik hinreichend untermauert. Britton (1974) ermittelte zum Beispiel, daß klinische Diagnose und Autopsie in 6 % bis 65 % der Fälle nicht übereinstimmen! Man kann davon ausgehen, daß die Autopsie ein sehr zuverlässiges Kriterium ist (auch wenn man diese Annahme, wie man noch sehen wird, etwas einschränken muß). Die klinische Diagnose ist aufgrund dieser hohen Fehlerquote für die statistische Auswertung also völlig ungeeignet.

Die folgenden Zitate vermitteln einen Eindruck der in diesem Bereich herrschenden Ansicht. Bauer und Robbins (1972, S. 1474) konstatieren: „Unsere Studie zeigt, daß eine präzise Krebsdiagnose heute noch genauso viele Probleme bereitet wie vor 50 Jahren." Abramson, Sacks und Cabana (1971, S. 430) kommen zu der Feststellung, daß „Sterbeurkunden nur sehr bedingt als Nachweis für Myokardinfarkt, zerebrovaskuläre Erkrankungen, Lungenembolie bzw. -infarkt gelten können ... Maligne Neoplasmen wurden zwar einigermaßen richtig erkannt, nicht jedoch Sitz oder Kategorie der Neoplasmen." Britton (1974, S. 208) schließlich kommt zu dem Schluß, daß „Autopsien nach wie vor eine ganze Reihe von Irrtümern in der klinischen Diagnose aufdecken ... Nichts spricht dafür, daß sich die Fehlerquote im Laufe der Jahre verringert hat." Das mag zum Thema Verläßlichkeit der Daten, auf die sich die Standardauffassung stützt, genügen.

Die Studie von Cameron und McGoogan (1981) kann als Beispiel für besonders sorgfältig geplante und durchgeführte Forschungsarbeit auf diesem Gebiet gelten. Die Autoren befaßten sich in einer prospektiven Studie mit 1152 Autopsien in Krankenhäusern und verglichen sie jeweils mit der Diagnose in den Sterbeurkunden. Berücksichtigt wurde lediglich die Haupttodesursache laut Angabe des Arztes. Ergebnis war, daß die klinische Diagnose sich in 703 von 1152 Fällen (= 61 %) grundsätzlich bestätigte; das entspricht einer Fehlerquote von 39 %. Diese Zahlen weichen kaum von dem Ergebnis einer Studie von Britton (1974) in Schweden ab. In einer sorgfältigen, klinisch kontrollierten Untersuchung bestätigte sich die klinische Diagnose in 57 % der Fälle, die Fehlerquote lag also bei 43 %. In Untersuchungen von Heasman und Lipworth (1966) sowie Waldron und Vickerstaff (1977) erwies sich die ursprüngliche Diagnose in nur 45 % bzw. 47,5 % der Fälle als zutreffend, die Fehlerquote betrug also 55 % bzw. 52,5 %. Es ist unter diesen Umständen nicht verwunderlich, daß Cameron und McGoogan (1981, S. 281) zu folgendem Resümee kommen: „Nach unseren Erfahrungen sind Statistiken auf Basis von Sterbeurkunden so ungenau, daß sie sich weder für die Forschungsarbeit noch in der Planung eignen." Das würde bedeuten, daß die zur Untermauerung der Standardauffassung herangezogenen statistischen Untersuchungen auf äußerst schwachen Füßen stehen.

Aus der Untersuchung von Cameron und McGoogan ergibt sich noch ein anderer interessanter Aspekt: Der Anteil an Fehldiagnosen stieg mit dem Alter der Untersuchten deutlich an. Bei Personen unter 45 Jahren lag der Anteil zutreffender Diagnosen bei 78 % der Fälle. Dieser Anteil sank mit jedem weiteren Lebensjahrzehnt aber stufenweise ab und betrug bei den über 75jährigen weniger als 50 %. Dieses Ergebnis ist besonders für Angaben über die Lungenkrebshäufigkeit von Bedeutung, da diese Erkrankung hauptsächlich bei älteren Männern und Frauen auftritt.

Es ist interessant, die Diagnosedaten für Neoplasmen und koronare Herzkrankheit einmal genauer zu betrachten, da Fehldiagnosen in diesem Bereich für unser Thema von besonderer Bedeutung sind. Bronchial- bzw. Lungenkrebs wurde in 88 Fällen richtig und in 61 Fällen falsch diagnostiziert. Das entspricht in etwa der Fehlerquote bei der Diagnose aller Krankheiten. Bauer und Robbins (1972) befaßten sich mit insgesamt 2734 Autopsien bei Krebssterbefällen und stellten fest, daß in 26 % der Fälle Krebs klinisch nicht diagnostiziert worden war. Bei weiteren 14 % war der Zustand des Patienten unzureichend diagnostiziert worden, d. h., Krebs wurde zwar vermutet, aber der Sitz des Primärtumors war unbekannt oder falsch lokalisiert. Cameron und

McGoogan konstatieren zum Thema Neoplasmen abschließend: „Bronchialkarzinome waren die häufigsten Neoplasmen in unserer Untersuchungsreihe und wurden am häufigsten fehldiagnostiziert“ (S. 294).

Nun zu den Krankheiten, die Herz und Atmung betreffen. Bei akutem myokardialem Infarkt bestätigte sich die Diagnose in 198 Fällen, in 109 Fällen dagegen nicht – auch hier liegt also ein nicht tragbarer Anteil von Fehldiagnosen vor. Für zerebrovaskuläre Erkrankungen wurde folgendes Ergebnis ermittelt: richtige Diagnose in 129 Fällen, Fehldiagnose in 118 Fällen, also eine Fehlerquote von fast 50 %. „Die größten Probleme in der Differentialdiagnose bereitet die Unterscheidung von zerebrovaskulären und kardiovaskulären Erkrankungen“, schreiben in diesem Zusammenhang Cameron und McGoogan (S. 293). Auch Hartveit (1979), Heasman und Lipworth (1967) sowie Kagan u. a. (1966) stellten einen hohen Anteil über- bzw. unterdiagnostizierter zerebrovaskulärer Erkrankungen fest.

Wenn Diagnosen so unzuverlässig sind, wie für Lungenkrebs und koronare Herzerkrankungen nachgewiesen wurde, muß ein besonderes Phänomen näher erörtert werden, nämlich die Voreingenommenheit des Arztes. Gemeint ist damit die bei Ärzten festzustellende Tendenz, bei Rauchern „mit dem Rauchen zusammenhängende Erkrankungen“ eher zu diagnostizieren als bei Nichtrauchern. Feinstein und Wells (1974) haben nachgewiesen, daß die Voreingenommenheit ein Faktum ist und schnell zu falschen Schlüssen führen kann, falls keine sorgfältige Autopsie zur Feststellung der Todesursache vorgenommen wird. Mit Sicherheit erklärt sich der hohe Sterblichkeitsquotient für Lungenkrebs in Tabelle 1 zumindest zum Teil aus der Voreingenommenheit des Untersuchenden. In Studien, die den Anspruch auf wissenschaftliche Gültigkeit erheben, sollte diese Fehlerquelle aber ausgeschlossen werden.

Feinstein und Wells (1974) befaßten sich mit 654 Fällen, bei denen durch Autopsie Lungenkrebs als Todesursache festgestellt worden war. In dieser Untersuchungsreihe wurde der Zusammenhang zwischen nichtdiagnostizierten

Fällen und individuellem Zigarettenkonsum untersucht. Bei Personen, von denen nicht bekannt gewesen war, ob sie jemals Zigaretten geraucht hatten, betrug der Anteil nichtdiagnostizierter Fälle 37 %, bei Nicht-Zigarettenrauchern 38 %. Der Anteil nichtdiagnostizierter Fälle sinkt dann deutlich, und zwar zunächst auf 20 % bei leichten Rauchern und 14 % bei mäßigen Rauchern bis hin zu 10 % bzw. 11 % bei starken bzw. sehr starken Rauchern. Diese Zahlen sind in Abbildung 2 graphisch dargestellt. „Die Zahlen deuten darauf hin, daß mit der Höhe des Zigarettenkonsums auch die Wahrscheinlichkeit stieg, daß der Lungenkrebs bei den Patienten noch zu Lebzeiten festgestellt wurde", heißt es dazu bei Feinstein und Wells (1974, S. 185).

Feinstein und Wells untersuchten auch den Zusammenhang zwischen dieser prämortalen Diagnosekurve bei Rauchern bzw. Nichtrauchern und der Gründlichkeit ärztlicher Untersuchungen bei den insgesamt 677 Patienten der Untersuchungsreihe, die zu Lebzeiten untersucht wurden, bei denen aber keine Autopsie stattfand. Zu diesem Zweck befaßten sich Feinstein und Wells mit dem zytodiagnostischen Test nach Papanicolaou (Sputumabstrich). Da er nicht bei allen Patienten angewendet worden war, galt es, zu untersuchen, von welchen Faktoren (einschließlich der Rauchergeschichte des Patienten) der Einsatz des Tests beeinflußt wurde. Feinstein und Wells ermittelten, wie häufig der zytodiagnostische Test eingesetzt wurde. Aus Abbildung 2 geht hervor, daß Raucher weit häufiger als Nichtraucher nach Papanicolaou getestet wurden. Statistische Tests ergaben einen hochsignifikanten Trend. Die Voreingenommenheit des Untersuchenden stand also in deutlichem Zusammenhang mit dem Zigarettenkonsum des Patienten.

Es kann hier nicht noch auf weitere Analysen von Feinstein und Wells eingegangen werden, die die Schlußfolgerung zulassen, daß „das Zigarettenrauchen unter Umständen eine größere Rolle bei der Diagnostizierung von Lungenkrebs als bei der Entstehung der Erkrankung selbst spielen könnte" (1974, S. 194). Die Autoren weiter: „Man muß sich vergegenwärtigen, daß die Forscher in epidemiologi-

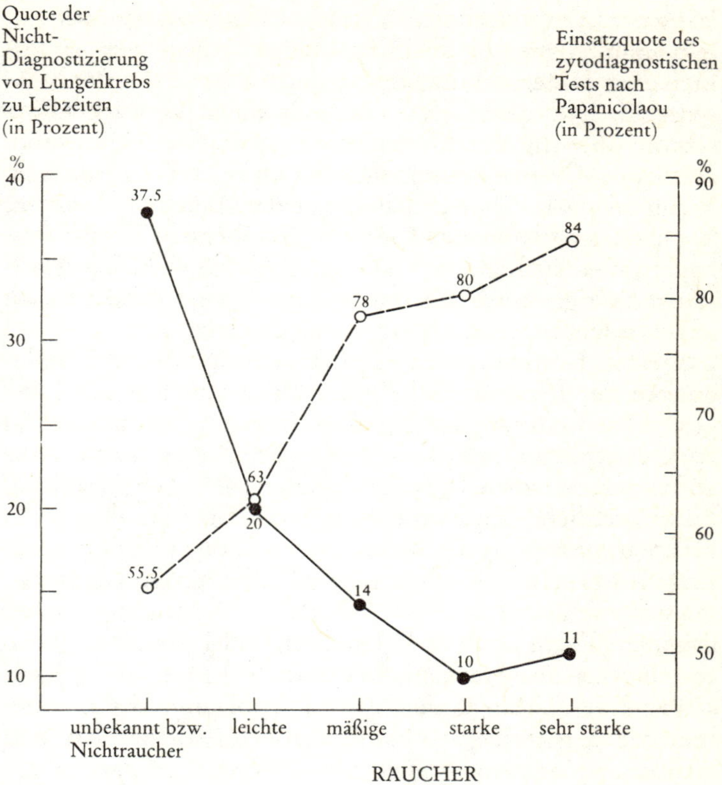

Abb. 2. Individueller Zigarettenkonsum in Relation zur Nicht-Diagnostizierung von Lungenkrebs bzw. Einsatzquote des zytodiagnostischen Tests nach Papanicolaou

schen Untersuchungen über Krankheitsursachen im Grunde mit Daten über die Diagnose- und nicht die Erkrankungshäufigkeit arbeiten. Die Diagnoseergebnisse können verfälscht sein, wenn sich die Voreingenommenheit des Arztes auf die Diagnosetechnik auswirkt" (1974, S. 184). Denkt man in diesem Zusammenhang daran, wie unzuverlässig die Lungenkrebsdiagnose ganz allgemein ist, erscheint es noch fraglicher, ob die Diagnosedaten, die den epidemiologischen Untersuchungen zugrunde liegen, von der Wissenschaft ernst genommen werden können. Verstärkte Forschung über die Verläßlichkeit von Diagnosen sowie über ärztliche Voreingenommenheit ist dringend erforderlich. Wenn gesicherte Daten zu diesen beiden Aspekten vorlägen, könnte das vorhandene Datenmaterial über den Zusammenhang zwischen Rauchen und Lungenkrebs vielleicht statistisch korrigiert werden. Ohne zuverlässige Zahlen haben Schlußfolgerungen keine sichere Grundlage.

Welche Konsequenzen ergeben sich aus diesen Überlegungen zur Frage des scheinbar steilen Anstiegs der Lungenkrebserkrankungen? Im Report des Surgeon General wird er eindeutig auf den Anstieg des Zigarettenkonsums 20 Jahre zuvor zurückgeführt. Man erinnere sich daran, daß dieser zeitliche Zusammenhang von Epidemiologen als Hauptargument für die Standardauffassung angeführt wird. Zugleich bereitet dieser Anstieg all jenen große Probleme, die sich wie Burch (1976) und Oeser (1979) für genetisch begründete Theorien über Entstehung und Entwicklung von Karzinomen aussprechen und externe Faktoren weitgehend ausklammern. Man kann in der Tat wohl kaum argumentieren, daß genetische Veränderungen von solcher Art und Größenordnung eingetreten seien, daß sie einen derart markanten Anstieg der Lungenkrebshäufigkeit erklären könnten. Die Annahme einer kausalen Wirkung veränderter Umweltfaktoren, etwa Luftverschmutzung oder Zigarettenrauchen, muß also ernst genommen werden. Der Anstieg der mit Lungenkrebs als Todesursache diagnostizierten Fälle könnte allerdings auf Fortschritte in der Diagnosetechnik zurückzuführen sein. Diese These wird von Rigdon und Kirchoff (1953) vertreten. Ihrer Meinung nach ist die Annahme eines tatsächlichen Anstiegs der Lungenkrebshäufigkeit „fragwürdig“. Nach eingehender Prüfung der einschlägigen Literatur kam Willis (1967, S. 187) zu dem Schluß: „Es läßt sich weder bestätigen noch widerlegen, daß ein echter Anstieg zu verzeichnen ist.“ Auch Feinstein (1974) kam in seiner retrospektiven Studie zu dem Ergebnis, daß veränderte diagnostische Verfahren den größten Anteil an der gestiegenen Sterbeziffer für Lungenkrebs haben. Bei Burch (1976) finden sich viele Beweise zur Erhärtung dieser These.

Man kann davon ausgehen, daß Lungenkrebs zu Beginn des Jahrhunderts erheblich unterdiagnostiziert wurde. Sehrt (1904) berichtet, daß von 178 Lungenkrebsfällen laut Autopsiebefund lediglich 6 schon zu Lebzeiten festgestellt worden waren. Legt man das Verhältnis von 172 Fehldiagnosen zu 6 zutreffenden Lungenkrebs-Diagnosen zugrunde und argumentiert, daß mit moderner Diagnosetechnik alle oder zumindest ein Großteil der 178 Lungenkrebsfälle erkannt worden wären, darf man annehmen, daß der scheinbare Anstieg der Sterbefälle durch Lungenkrebs überwiegend, wenn nicht ausschließlich auf Fortschritte in der Diagnosetechnik zurückzuführen ist.

Vieles spricht dafür, daß Lungenkrebs gegenwärtig überdiagnostiziert wird. Wie kommt es zu falsch positiven Diagnosen? Rosenblatt (1969) hat die Vermutung geäußert, daß in der Zeit nach 1930 Lungenkrebs oft fälschlich diagnostiziert wurde, wenn es sich in der Lunge eigentlich um Metastasen von Primärtumoren mit ganz anderem Sitz im Körper handelte. Auch Rosenblatt nimmt an, daß der überaus starke Anstieg der Lungenkrebssterberate in den letzten 30 Jahren nicht auf ein von außen wirkendes Karzinogen zurückzuführen, sondern das Ergebnis neuer Diagnosetechniken (insbesondere Strahlendiagnose, Bronchoskopie, Sputumuntersuchungen und Chirurgie) sei. Ferner äußert Rosenblatt den Verdacht, daß die These, Rauchen verursache Lungenkrebs, zu einem verstärkten medizinischen Interesse an dieser Erkrankung und zu ihrer Überdiagnostizierung geführt habe. Smithers (1953) stellte im Zeitraum von 1944 bis 1950 fest, daß sogar Lungenfachärzten übermäßig viele falsch positive Diagnosen unterliefen.

Rosenblatt u. a. (1971 a, b) untermauern diese Beweisführung so: In ihrem New Yorker Hospital wurde *klinisch* doppelt so häufig Lungenkrebs diagnostiziert wie bei der Autopsie. Lungenkarzinome waren die einzigen Neoplasmen, die klinisch weit überdiagnostiziert wurden und bei denen man in der Autopsie keine nicht schon vorher diagnostizierten Fälle feststellte.

Metastasen in der Lunge von Karzinomen der Bauchspeicheldrüse, Niere, Brust, Schilddrüse und des Magens sowie von malignen Melanomen wurden für Primärtumore gehalten. Burch (1976) kommt zu einer wichtigen Feststellung: „Es ist äußerst interessant, daß der Anteil von 5,5 % Lungenkrebsfällen in dieser New Yorker Autopsiereihe über Karzinome *unter* dem in einigen am Ende des 19. Jahrhunderts bzw. zu Beginn des 20. Jahrhunderts in Österreich, Deutschland und den USA veröffentlichten Autopsiereihen liegt. In fünf Untersuchungsreihen, die sich hauptsächlich auf die Autopsie stützten, lag der Anteil der Lungenkrebsdiagnosen zwischen 8,3% und 11,5% aller Krebsarten." Dieses Ergebnis wirft ernste Zweifel an der vermeintlichen Zunahme der Lungenkrebsfälle auf.

Wie groß die Gefahr ist, daß Metastasen in der Lunge fälschlich als Lungenkrebs diagnostiziert werden, geht vor allem aus einer Studie von Burch (1978 c) hervor. Anhand einer in Schweden durchgeführten postmortalen Studie zum Thema Metastasierung kam Burch zu folgendem Ergebnis: Insgesamt 747 primären Lungenkrebsfällen standen immerhin 2079 Fälle mit Metastasen in der Lunge gegenüber, die von Primärtumoren außerhalb der Lunge stammten! Burch schildert viele weitere Beispiele, und man muß wohl seinem folgenden Resümee zustimmen: „Es gibt keinen Zweifel daran . . ., daß diagnostische Artefakte erheblichen Anteil daran haben, daß die Sterbeziffern für Lungenkrebs in diesem Jahrhundert so stark angestiegen sind . . . Zu Anfang des Jahrhunderts wurde der Lungenkrebs stark unterdiagnostiziert, besonders bei Personen über 40 Jahren" (S. 458).

Bisher wurde von der Annahme ausgegangen, daß die Autopsie eine absolut zuverlässige Feststellung der Todesursache ermöglicht. Die Vorstellung, daß eine auf die Autopsie gestützte Diagnose ein zuverlässiges Bild von der Todesursache gibt, ist aber etwas zu optimistisch. In den „Annals of Thoracic Surgery" wurde 1971 auf folgendes hingewiesen:

„Selbst erfahrene Pathologen sind bei der Tumorklassifizierung oft unterschiedlicher Meinung, und die Unterscheidungskriterien sind nur dürftig definiert." Umfangreiches Datenmaterial zeigt, daß die Verläßlichkeit medizinischer Diagnosen anhand von Untersuchungsmaterial von Patienten mit Atemwegserkrankungen bei weitem nicht den Anforderungen bei psychologischen Tests genügen würde. (Vgl. Kern u. a., 1968; McCarthy und Widmer, 1974; Reid und Rose, 1964; Stebbings, 1971; Thurlbeck u. a., 1968; Wilson und Burke, 1957; Yesner, 1973; Yesner u. a., 1965, 1973.)

Die Autopsie ist der klinischen Diagnose zwar weit überlegen, birgt aber ohne Zweifel immer noch ein gewisses Maß an Unzuverlässigkeit, weil Fachleute häufig zu unterschiedlichen Befunden kommen. Das beeinträchtigt natürlich die Stichhaltigkeit der Daten, ohne daß sich allerdings ihre Unzuverlässigkeit bzw. mangelnde Stichhaltigkeit zahlenmäßig ausdrücken ließe.

Aufgrund der mit den Irrtümern bei der Feststellung der Todesursache verbundenen Schwierigkeiten erscheint es ratsam, nicht die Sterblichkeit durch bestimmte Erkrankungen zu untersuchen, sondern die *allgemeine* Sterblichkeit. Doll und Peto (1976) kamen in einer entsprechenden großangelegten Studie zu dem Ergebnis, daß „ein Großteil der höheren Sterblichkeit bei Zigarettenrauchern mit Sicherheit dem Rauchen zugeschrieben werden kann". Burch (1978 c, S. 1534) befaßte sich mit dieser Schlußfolgerung und führte für den Zeitraum 1950–1976 eine statistische Untersuchung über Rauchen und Sterblichkeit in England und Wales durch. Jeweils in Drei-Jahres-Intervallen wurde die prozentuale Veränderung der geschlechts- und altersspezifischen Sterbeziffern für alle Todesursachen errechnet und mit den entsprechenden Trends des geschlechts- und altersspezifischen Zigarettenkonsums (Höhe des Konsums und Kondensatgehalt) in Großbritannien verglichen. Burch schloß daraus, daß „eine Ursache-Wirkungs-Beziehung nicht festzustellen ist" (S. 87). Nach Burch ist nur schwer zu erklären, daß die Sterberate bei beiden Geschlechtern und in allen Altersgruppen ziemlich gleichmäßig sinkt, und zwar in Perioden steigenden genauso wie fallenden Zigarettenkonsums: „Die Trends lieferten keinen Beweis für die These, daß das Rauchen Einfluß auf die Sterblichkeit hat" (S. 87). Burch kommt zu dem Ergebnis: „In dieser Arbeit wurde gezeigt, daß die Langzeittrends in der allgemeinen Sterblichkeit in England und Wales nicht den Schluß zulassen, daß sie merklich von Veränderungen im Zigarettenkonsum beeinflußt sind . . . Vom wissenschaftlichen Standpunkt aus kann kein Zweifel daran bestehen, daß die Schlußfolgerung, Rauchen sei tödlich, wie sie vom Royal College of Physicians (1971), von Doll und Peto (1976) sowie vom Surgeon General der USA (1979) gezogen wird, voreilig und nicht gesichert ist" (S. 102). Bestätigt wird Burch durch Ergebnisse aus der Zwillingsforschung mit ein- und zweieiigen Zwillingen, die sich im Hinblick auf ihre Rauchgewohnheiten unterscheiden (Cederlof u. a., 1977). Leider läßt die geringe Zahl der Testpersonen in dieser Untersuchung keine allgemeingültigen Schlußfolgerungen zu. Aufgrund der vorliegenden Beweise läßt sich eine lebensgefährdende Wirkung des Rauchens definitiv nicht nachweisen.

Die Frage nach der Zuverlässigkeit bzw. Validität des den statistischen und epidemiologischen Berechnungen zugrundeliegenden Zahlenmaterials wurde ziemlich ausführlich erörtert. Nur wenn es keine Mängel aufweist, können daraus allgemeine Schlußfolgerungen abgeleitet werden. Da diese Voraussetzung nicht erfüllt ist, muß angezweifelt werden, ob die festgestellten Zusammenhänge so eindeutig sind, wie angenommen wird, oder ob überhaupt ein Zusammenhang besteht. Unter diesem Aspekt läßt sich nicht entscheiden, welche der eingangs aufgeführten Kausaltheorien zutreffend ist. Dennoch ist es sinnvoll, sich noch eingehender mit der epidemiologischen Beweisführung zu befassen. Unabhängig von der Frage der Zuverlässigkeit des Zahlenmaterials soll untersucht werden, ob es der Standardauffassung nicht doch an Logik mangelt und ob sie bisher durch zu wenig Fakten untermauert wurde. Diese Frage werden wir im nächsten Abschnitt behandeln.

3. Kritik der epidemiologischen Kausalitätskriterien

Die kausale Interpretation von Korrelationsdaten setzt eine Definition des Kausalitätsbegriffes voraus. Vom Surgeon General der USA (1982) wird „Kausalität" als „signifikante Wirkungsbeziehung zwischen einem Agens und der damit zusammenhängenden Gesundheitsstörung oder Krankheit des Organismus" definiert (S. 16–17). Ferner heißt es: „Die Signifikanz eines Kausalzusammenhangs ist eine Frage der Beurteilung und geht über eine festgestellte statistische Wahrscheinlichkeit hinaus" (S. 17). Burch hält die Betonung der „Beurteilung" an verschiedenen Stellen im Report für beunruhigend. Seiner Ansicht nach sollte Subjektivität in der Wissenschaft soweit wie möglich ausgeschlossen sein.

Der Report nennt fünf Kriterien, von denen sich die Bewertung kausaler Signifikanz leiten lassen sollte (S. 17):

1. Konsistenz des Zusammenhangs
2. Stärke des Zusammenhangs
3. Spezifität des Zusammenhangs
4. Zeitliche Kohärenz des Zusammenhangs
5. Kohärenz des Zusammenhangs

An diesen Kriterien hat sich seit Erscheinen des ersten Reports des Surgeon General vor 18 Jahren nichts geändert. Anhand dieser Kriterien soll der Zusammenhang zwischen Rauchen und Lungenkrebs erörtert werden.

Konsistenz des Zusammenhangs

Im Report des Surgeon General (1982) wird „Konsistenz" wie folgt definiert: „Dieses Kriterium besagt, daß unterschiedliche Untersuchungsansätze im Hinblick auf die Assoziation zu ähnlichen Ergebnissen führen müssen" (S. 17). Außerdem: „Durch Wiederholung muß sichergestellt werden können, daß es sich nicht um einen Artefakt handelt, etwa durch Voreingenommenheit in der Methodologie der Studie oder durch die Probandenauswahl. Auch ein indirekter Zusammenhang aufgrund unkontrollierter Faktoren wie Ernährung, Beruf oder Erbanlage sollte ausgeschlossen sein" (S. 17). Aus Tabelle 4 des Reports (S. 35) geht das relative Risiko für die Lungenkrebssterblichkeit von Rauchern gegenüber Nichtrauchern hervor. Die Zahlen sind offiziellen retrospektiven Studien aus den Jahren 1939 – 1970 entnommen. Bei Männern reichen die entsprechenden Werte von 1,2 bis 36,0 bei Frauen von 0,2 bis 5,3. Die Zahlen in Tabelle 5 (S. 36) sind ähnlich: In insgesamt acht prospektiven Studien wurden bei Männern Sterblichkeitsquotienten von 3,76 bis 14,2 ermittelt, bei den Frauen lagen sie zwischen 2,03 und 5,0.

Abbildung 3 veranschaulicht anhand einer britischen und einer japanischen Stichprobe das relative Lungenkrebsrisiko von männlichen Rauchern (nach Tabakkonsum) gegenüber Nichtrauchern (Burch, 1984 b, S. 151). Die Ergebnisse sind zu unterschiedlich, als daß man von einem „konsistenten Zusammenhang" sprechen könnte. Burch hat außerdem einen beträchtlichen Unterschied im Verlauf der beiden Dosis-Wirkungs-Beziehungen in diesen beiden Stichproben nachgewiesen, der wirklich ernstzunehmende Einwände gegen die Standardauffassung rechtfertigt. Burch (1983, S. 823) schreibt dazu: „Die Werte weichen stark voneinander ab – es kann also keine Rede davon sein, daß das Kriterium der Konsistenz auch nur annähernd erfüllt wird. Die Arbeitsgruppe hätte unter diesen Umständen die kausale Interpretation entweder ganz fallenlassen oder aber eine plausible Erklärung für die enormen Abweichungen vorlegen müssen." Dies fehlt jedoch im Report. Statt dessen wird behauptet, daß „in den vorliegenden Untersuchungen unabhängig von der jeweils eingesetzten Methode ein konsistenter Zusammenhang zwischen Rauchen und Lungenkrebs festge-

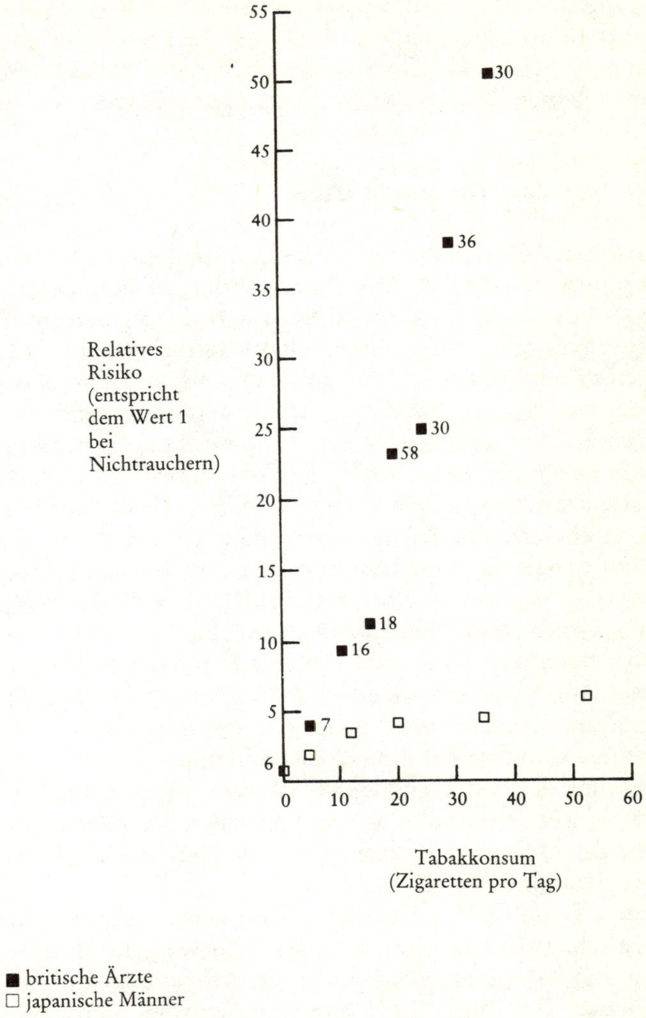

Abb. 3. Tabakkonsum und relatives Lungenkrebsrisiko bei britischen und japanischen Stichproben

stellt wurde" (S. 34). Diese Aussage ist jedoch falsch: In der Tabelle sieht man zwei Beispiele von relativen Risikoquotienten, die unter 1 liegen, also für einen negativen Zusammenhang sprechen. Es läßt sich wirklich nicht behaupten, daß diese Zahlen das Konsistenzkriterium erfüllen.

Stärke des Zusammenhangs

Es ist nahezu unmöglich, die Stärke und die Konsistenz eines Zusammenhangs getrennt voneinander zu betrachten. Im Report des Surgeon General wird jedoch folgendermaßen argumentiert: „Der relative Risikoquotient gibt die Stärke einer Assoziation an und läßt somit erkennen, welche Rolle der betreffende Faktor bei der Entstehung einer bestimmten Krankheit spielt" (S. 17). Diese Aussage widerspricht der Logik epidemiologischer Forschung, da hier vorausgesetzt wird, was noch zu beweisen wäre. Die Bedeutung eines krankheitsauslösenden Faktors läßt sich mit Hilfe eines Risikoquotienten nur bestimmen, *wenn ein Kausalzusammenhang nachgewiesen worden ist.* Durch die Errechnung des Risikoquotienten allein läßt sich ein Kausalzusammenhang nicht verifizieren. Abweichungen in der Stärke einer Assoziation bei verschiedenen Populationen lassen sich nicht kausal, sondern eher genetisch erklären. Träfe die These eines universellen Kausalzusammenhangs zwischen Rauchen und Lungenkrebs wirklich zu, müßten zum Beispiel in asiatischen und mitteleuropäischen Populationen analoge oder identische Risikoquotienten festzustellen sein. Das trifft jedoch nicht zu.

Wie aus Tabelle 5 des Reports (S. 36) hervorgeht, liegen die Sterblichkeitsquotienten in sieben überwiegend mitteleuropäischen Populationen ungefähr bei einem durchschnittlichen Wert von 10 (im einzelnen wurden Sterblichkeitsquotienten von 7,0 bis 14,2 ermittelt). Zum Vergleich: In Japan liegt der Sterblichkeitsquotient bei 3,8; für die chinesische Bevölkerung in Singapur bei 3,8 (MacLennan u. a., 1977); in Nordthailand lag der Wert bei 1,6, d. h., er war nicht signifikant höher als 1 (Simarak u. a., 1977); in der Volksrepublik China hat Henderson (1979) einen Risikoquotienten von 1,57 ermittelt. Bei Chinesinnen in Hongkong wurde, ausgehend von der Lungenkrebshäufigkeit, ein relatives Risiko von nur 1,74 (Chan u. a., 1979) errechnet. Für Frauen aus Hawaii, Japan und China stellten Hinds u. a. (1981) ein relatives Risiko von 10,5, 4,9 bzw. 1,8 fest. Die Ergebnisse für die Frauen aus Hawaii liegen also in etwa auf einer Stufe mit den Sterblichkeitsquotienten in den mitteleuropäischen Gruppen, während sie von denen der japanischen und chinesischen Frauen deutlich abweichen. Es ist schwierig, diese großen Unterschiede in den Sterblichkeitsquotienten zwischen mitteleuropäischen und asiatischen Gruppen mit der Argumentation der Standardauffassung erklären zu wollen – der Rückgriff auf genetische Ursachen liegt sehr viel näher (vgl. auch Abbildung 3).

In diesem Zusammenhang muß die bedeutende Arbeit von Belcher (1971) erwähnt werden, der sich in einer internationalen Untersuchung mit den geschlechtsspezifischen Abweichungen in der Krankheitshäufigkeit von Bronchialkarzinomen befaßt hat.

Das Verhältnis der Krankheitshäufigkeit von Männern zu Frauen variiert stark sowohl nach Regionen als auch nach rassischer Zugehörigkeit in derselben Region. In Nigeria zum Beispiel liegt die Häufigkeit von Bronchialkarzinomen bei den Frauen höher als bei den Männern; in den Niederlanden dagegen kommen auf eine Frau mit Bronchialkarzinom 13,5 Männer. In keinem Land besteht ein Zusammenhang zwischen der geschlechtsspezifischen Krankheitshäufigkeit und dem Gesamttabakkonsum; auch Unterschiede in der Altersstruktur der verschiedenen Populationen bleiben ohne Erfolg. Belcher kommt zu dem Schluß, daß „genetische Faktoren bei der Entstehung von Bronchialkarzinomen eine Rolle spielen“ (S. 220).

Zum Kriterium „Stärke des Zusammenhangs“ wird im Report des Surgeon General festgestellt: „Sowohl für die Stärke als auch für Kohärenz der Assoziation ist es von Bedeutung, ob eine Dosis-Wirkungs-Beziehung vorliegt, aus der sich ein positiver Zusammenhang zwischen Exposition und Krankheitshäufigkeits- bzw. Sterblichkeitsrate für eine bestimmte Krankheit nachweisen läßt" (S. 17). Eine solche Dosis-Wirkungs-Beziehung könnte auch durch eine genetische Hypothese erklärt werden, wie Burch deutlich macht (1983, S. 826):

> Man kann von einer ganz einfachen Überlegung ausgehen und Raucher in zwei Kategorien einteilen: soziale und gewohnheitsmäßige Raucher. Soziale Raucher sind eher leichte Raucher und können das Rauchen schnell aufgeben. Gewohnheitsmäßige, genetisch prädisponierte Raucher sind von der Tendenz her starke Raucher. Daraus folgt, daß in Gruppen leichter Raucher die sozialen Raucher überwiegen, so daß die Assoziation mit dem Auftreten von Lungenkrebs relativ schwach ist. Bei den starken Rauchern machen die gewohnheitsmäßigen, genetisch prädisponierten Raucher den größeren Anteil aus, d. h., die Assoziation zwischen Rauchen und Lungenkrebs ist hier sehr deutlich. Es scheint eine Dosis-Wirkungs-Beziehung zu bestehen.

Nach der kausalen Hypothese müßte von einer bestimmten Dosis in unterschiedlichen Populationen immer die gleiche Wirkung zu erwarten sein. Die genetische Hypothese, nach der die Erbanlage des Patienten und nicht der Tabakkonsum für die Assoziation von Rauchen und Lungenkrebs ausschlaggebend ist, würde von einer gewissen, wenn auch nicht sehr hohen Korrelation zwischen Sterblichkeitsrate und Tabakkonsum in verschiedenen Ländern ausgehen. Wie Abbildung 1 zeigt, besteht kein ausgeprägter Zusammenhang zwischen der Sterblichkeit durch Lungenkrebs und dem Zigarettenkonsum in verschiedenen Ländern. Es zeigen sich sogar Widersprüche: In Finnland lag die altersstandardisierte Sterblichkeitsrate für Lungenkrebs im Zeitraum 1960–61 bei Männern ungefähr doppelt so hoch wie bei weißen US-Amerikanern. Der Zigarettenkonsum erreichte 1950 in Finnland aber nur etwa die Hälfte des Konsums in den USA (Burch, 1976). Bei einer genaueren Durchsicht des Reports zeigen sich noch viele weitere Ungereimtheiten. Burch (1983, S. 826) verweist auf folgendes: „Vielleicht erweist sich allein schon hierdurch die reine Kausalhypothese als unhaltbar. Die niedrigen Korrelationen zwischen Sterblichkeitsraten und Tabakkonsum in den einzelnen Ländern sind zwar noch in Übereinstimmung mit dem kausalen Erklärungsmodell, genauso aber auch mit der rein konstitutionellen Hypothese unter Ausschluß jeder kausalen Wirkung."

Passey (1962) hat Zweifel daran geäußert, daß es in einer bestimmten Population Dosis-Wirkungs-Beziehungen gibt. Er schreibt: „Es wird nirgends behauptet, daß starke Raucher früher an Krebs erkranken als leichte Raucher. Dies müßte aber der Fall sein, wenn der Lungenkrebs bei Rauchern direkt auf die Wirkung eines Karzinogens zurückzuführen wäre. Experimentell konnte nämlich eindeutig nachgewiesen werden, daß starke Karzinogene schnell zu Krebs führen" (S. 110). Passey untersuchte die Raucheranamnese von 499 Männern mit Lungenkrebs, die je nach ihrem Zigarettenkonsum in Gruppen unterteilt wurden. In einer Tabelle zeigt Passey, daß der „Tabakkonsum ohne nennenswerte Bedeutung für das Durchschnittsalter der Patienten zum Zeitpunkt des Beginns der medizinischen Behandlung ist. Leichte Raucher erkrankten im gleichen Alter an Lungenkrebs wie starke Raucher. Diese Beobachtung dürfte überraschen. Das Durchschnittsalter für den Rauchbeginn lag bei 17 Jahren; der durchschnittliche Zigarettenkonsum pro Tag betrug 23 Zigaretten; die Patienten waren im Mittel mit einem Alter von 57 Jahren zum ersten Mal in ärztlicher Behandlung . . . im Mittel wurde 40 Jahre lang geraucht" (S. 109). Als unzutreffend erwies sich auch die Annahme, die jüngsten Lungenkrebspatienten seien besonders starke Raucher oder die ältesten Lungenkrebskranken seien etwa nur mäßige Raucher und nur aus diesem Grunde noch am Leben: „Beim täglichen Tabakkonsum gab es keine altersspezifischen Abweichungen. Der älteste Patient hatte jedoch etwa 50 Jahre länger geraucht als der jüngste – das entspricht einer Differenz von weit mehr als 250000 gerauchten Zigaretten. Diese Zahlen deuten darauf hin, daß es keinen Zusammenhang zwischen dem täglichen Tabakkonsum und dem Alter des Patienten bei Ausbruch der Krankheit gibt" (S. 111, vgl. Herrold, 1972).

Pike und Doll (1965) überprüften die von Passey vorgelegten Ergebnisse anhand ihrer Stichprobe britischer Ärzte. Das Resultat: „Weder der Tabakkonsum noch das Alter bei Rauchbeginn waren von nennenswertem Einfluß auf das . . . Durchschnittsalter bei Ausbruch der Krankheit“ (S. 667). Pike und Doll zufolge gilt das ganz allgemein für die durchschnittliche Lebenserwartung bei Lungenkrebs.

Im Hinblick auf die Stärke des Zusammenhangs gilt es, auch einen zwischen Sterblichkeitsquotienten und Inhalationsintensität bestehenden Widerspruch zu untersuchen. Der Standardauffassung zufolge müßte der Sterblichkeitsquotient für Inhalierer bei gleichem Tabakkonsum höher liegen als für Nichtinhalierer. Fisher (1959) untersuchte Krankheitsdaten aus retrospektiven Studien in bezug auf täglichen Tabakkonsum und Inhalationsintensität. Innerhalb eines bestimmten Tabakkonsumbereichs bestand für Inhalierer paradoxerweise ein *geringeres* Lungenkrebsrisiko als für Nichtinhalierer. In einer Studie über britische Ärzte, in der neun nach Alter und Zigarettenkonsum standardisierte Gruppen über einen Zeitraum von 20 Jahren beobachtet wurden, fanden Doll und Peto (1976), daß das Lungenkrebsrisiko bei den Inhalierern insgesamt 84% desjenigen der Nichtinhalierer betrug. Die Beweisführung wird bei Eysenck (1980) ausführlich erörtert.

Die neueste Studie zu diesem Thema (Higgenbottam u. a., 1982) mit 18403 männlichen Beamten kam zu dem Ergebnis, daß „die Lungenkrebsraten insgesamt bei Nichtinhalierern höher lagen, besonders wenn sie starke Raucher waren“ (S. 113). Die Autoren unternehmen den Versuch einer nachträglichen Erklärung, die aber sehr spekulativ ist und empirisch nicht nachgewiesen wurde. Außerdem stünde diese Erklärung nicht im Einklang mit der Beobachtung Higgenbottams, derzufolge bei Inhalierern eine höhere Zahl von Sterbefällen durch koronare Herzkrankheit zu verzeichnen ist. Die Verfechter der Standardauffassung sehen sich durch solche Fakten in eine unangenehme Lage gebracht, denn sie haben keine Erklärung dafür.

Wie Fisher in seiner ursprünglichen Arbeit feststellt, bedeutet es einen schweren Schlag für die Standardauffassung, daß der erwartete Zusammenhang zwischen Inhalation und Lungenkrebs nicht nachgewiesen werden konnte. Um so erstaunlicher ist es, wie wenig man sich darum bemüht hat, dieses Ergebnis theoretisch einzuordnen oder kausal zu erklären.

Spezifität des Zusammenhangs

Zitat aus dem Report des Surgeon General: „Spezifität heißt, daß ein kausal wirkendes Agens ausnahmslos zu einer ganz spezifischen Krankheit führt – ein allerdings nur selten festzustellendes Phänomen“ (S. 18). Diese These, die wohl auf Koch zurückgeht, wird offensichtlich nicht besonders ernst genommen; im Report heißt es nämlich an anderer Stelle, daß dem Kriterium Spezifität kein großer Stellenwert eingeräumt zu werden braucht. „Der Nachweis der Spezifität eines Zusammenhangs trägt zwar zur Erhärtung der Kausalhypothese bei, mangelnde Spezifität steht dazu aber nicht unbedingt im Widerspruch, da man es bei der Untersuchung eines Zusammenhangs stets mit einer Vielzahl biologischer und epidemiologischer Aspekte zu tun hat“ (S. 19). Selbst wenn man positive – obleich recht niedrige – Sterblichkeitsquotienten für viele verschiedene Krebsarten fände, spräche dies doch nicht dagegen, daß Rauchen Lungenkrebs verursacht. Unter Umständen haben bestimmte Bestandteile des Zigarettenrauchs eine allgemein karzinogene Wirkung im menschlichen Organismus. Vorstellbar ist auch, daß das Immunsystem durch das Rauchen in Mitleidenschaft gezogen und geschwächt wird.

Weitaus schwerer durch die Standardauffassung zu erklären sind negative Assoziationen zwischen Rauchen und bestimmten Erkrankungen. Entsprechende Beispiele wie Kolonkarzinome und Parkinsonsche Krankheit wurden bereits genannt und sollen an dieser Stelle nicht noch einmal erörtert werden. Bisher hat man sich seitens der Anhänger der Standardauffassung sehr schwer damit getan, hier Erklärungen zu finden.

Zeitliche Kohärenz des Zusammenhangs

Das folgende Hauptargument im Rahmen der Standardauffassung wurde bereits erörtert: „Die genetische Hypothese ist in erster Linie deshalb abzulehnen, weil sie keine Erklärung für den gewaltigen Anstieg der Sterblichkeit durch Lungenkrebs im Verlauf der letzten 50 Jahre liefert" (Royal College of Physicians, 1971, S. 53). Was hier als „gewaltiger Anstieg" bezeichnet wird, könnte auf bessere Diagnosemethoden der Krankheitserkennung zurückzuführen sein und ist deshalb eventuell weitgehend oder völlig fiktiv. Solange keine wirklich zuverlässigen Zahlen vorliegen, wird sich schwerlich sagen lassen, ob die Lungenkrebsrate in diesem Jahrhundert überhaupt angestiegen ist.

Die These, daß das Rauchen zumindest bis zu einem bestimmten Grad für verschiedene Krebsarten verantwortlich ist (vgl. Tabelle 1), läßt sich am besten anhand von Statistiken über die allgemeine Krebssterblichkeit überprüfen. Aus den bereits genannten Gründen sind diese Statistiken weitaus zuverlässiger als die Sterblichkeitsraten für bestimmte Karzinome. Wenn das Rauchen tatsächlich die Krebsentstehung begünstigt, müßte sich der deutlich gestiegene Tabakkonsum in den letzten 50 Jahren in einer entsprechend höheren Krebssterblichkeitsrate niederschlagen. In der Tat ist die Zahl der Krebssterbefälle und auch ihr Anteil an den Sterbefällen insgesamt deutlich gestiegen. Dieser Anstieg ist aber ausschließlich auf die höhere Lebenserwartung in den betreffenden Populationen zurückzuführen. Krebs ist eine Alterskrankheit – die gestiegene Lebenserwartung hat folglich zu einem überproportionalen Anstieg der Krebserkrankungen geführt. Statistische Korrekturen an der Altersverteilung zeigen, daß es diesen Anstieg gar nicht gibt. Auf der Grundlage dieser Daten gibt es keinerlei Beweise für einen Anstieg der Krebssterblichkeitsrate entsprechend dem erhöhten Tabakkonsum. Allein durch diese Statistik dürfte klarwerden, daß es Wunschdenken ist, anzunehmen, Hunderttausende von Menschenleben ließen sich retten, wenn niemand mehr rauchte. Mit exakter, auf zuverlässigen Daten beruhender Wissenschaft haben Thesen dieser Art nichts zu tun. Oeser (1979), Koeppe (1980) und Koeppe u. a. (1977) haben sich sehr ausführlich mit der Beweisführung zu diesem Thema auseinandergesetzt. Auch Burch (1976) hat die vorliegenden Daten untersucht und ist zu ähnlichen Resultaten gelangt.

Es scheint einen *relativen* Anstieg bei Lungenkrebs (hauptsächlich Männer) und bei Gebärmutterkrebs zu geben. Wie schon gesagt, ist der Anstieg bei Lungenkrebs vermutlich weitgehend auf Fehldiagnosen insbesondere aufgrund ärztlicher Voreingenommenheit zurückzuführen. Die gestiegene Gebärmutterkrebshäufigkeit ist nach Koeppe u. a. (1977) unter Umständen auf die frühere Geschlechtsreife der Mädchen zurückzuführen. Das tatsächliche „Geschlechtsalter" einer Frau ist dadurch eindeutig höher, als es vor fünfzig Jahren gewesen wäre. Diese These von Koeppe u. a. ist zwar spekulativ, scheint aber durchaus plausibel. Die von den Autoren vorgelegten Daten stützen kaum die Ansicht, viele Menschen könnten länger leben, wenn sie das Rauchen aufgäben, d. h., das Rauchen habe in den letzten fünfzig Jahren zahllose Krebsopfer gefordert.

Im Report des Surgeon General der USA wird allerdings auf folgendes hingewiesen: „Bei der Untersuchung eines zeitlichen Zusammenhangs muß sichergestellt sein, daß der in Betracht kommende ursächliche Faktor vor Ausbruch der Krankheit wirksam war. Der Nachweis eines zeitlichen Zusammenhangs ist bei Erkrankungen mit langer Latenzzeit, wie z. B. Krebs, allerdings schwierig" (S. 19). Im Report heißt es weiter: „In der Studie wurde der Zusammenhang zwischen dem *Pro-Kopf*-Tabakkonsum im Jahr 1930 und der hohen Zahl von Lungenkrebssterbefällen in 11 Ländern im Jahr 1950 untersucht . . . es bestand jeweils eine starke positive Korrelation zwischen dem Tabakkonsum im Jahr 1930 und der Sterbeziffer durch Lungenkrebs zwanzig Jahre danach" (S. 40). Abbildung 9 des Reports (S. 43) liefert eine graphische Darstellung der entsprechenden Daten; die Korrelation wird mit 0,73 ± 0,30 angegeben. Ganz offenkundig enthält diese Graphik einige gravierende Ungereimtheiten.

Ein Beispiel: In Großbritannien lag der Zigarettenkonsum 1930 zwar um 10 % unter dem Konsum in den USA, die Sterblichkeitsrate durch Lungenkrebs war 1950 jedoch in Großbritannien 2,5mal höher. Man könnte natürlich versuchen, eine Erklärung für solche Widersprüchlichkeiten zu finden. Diese sind allerdings so auffällig, daß sie wohl kaum durch Faktoren wie z. B. unterschiedliche Rauchgewohnheiten erklärt werden können.

Im Rahmen der Untersuchung eines zeitlichen Zusammenhangs sind geschlechtsspezifische Unterschiede sehr aufschlußreich. In Großbritannien war bei den Frauen erst ca. 30 Jahre nach den Männern ein markanter Anstieg des Zigarettenkonsums zu verzeichnen. Burch (1976, 1983) machte jedoch folgende Beobachtung: „Studiert man den Anstieg der Lungenkrebssterblichkeit genauer, so zeigt sich, daß die Zuwachskurven bei Männern und Frauen – jeweils in Fünf-Jahres-Intervallen betrachtet – bemerkenswert synchron verlaufen, und zwar vom Beginn dieses Jahrhunderts bis 1955 und dann wieder seit 1965. Daraus folgt aber, daß die Hauptursachen für diese Steigerungsraten bei beiden Geschlechtern ebenfalls synchron aufgetreten sein müssen. Das Zigarettenrauchen scheidet als Hauptursache also aus" (1983, S. 828). So erweist sich eines der vermeintlich stärksten Argumente für die Standardauffassung bei genauerer Betrachtung als entscheidendes Gegenargument.

Abschließend muß festgestellt werden, daß Untersuchungen über die Zeitabhängigkeit der Assoziation zwischen Zigarettenrauchen und Krebs durch die unzureichende Qualität des Datenmaterials stark beeinträchtigt sind. Wie die Qualität des Materials auch sein mag, es unterstützt die Thesen der Standardauffassung nicht.

Kohärenz des Zusammenhangs

Im Report des Surgeon General wird die Bedeutung dieses Kriteriums wie folgt definiert: „Für den Nachweis der Kohärenz eines bestimmten Zusammenhangs sind andere Erklärungsansätze sorgfältig zu prüfen, die dann entweder ausgeschlossen oder berücksichtigt werden müssen" (S. 20). Leider werden in dem Report keine großen Anstrengungen zur Untersuchung oder Berücksichtigung „anderer Erklärungsansätze" insbesondere genetischer oder konstitutioneller Art unternommen. Es soll hier die Argumentation zum Themenkomplex „Kohärenz" näher betrachtet werden. Die Dosis-Wirkungs-Beziehung sowie die Frage der geschlechtsspezifischen Unterschiede in der Lungenkrebshäufigkeit wurden bereits untersucht. Von einer Kohärenz, wie sie im Report unterstellt wird, kann überhaupt keine Rede sein. Dieser Themenkomplex bedarf deshalb keiner weiteren Erörterung.

Ein im Hinblick auf die *Konsistenz* bedeutsames, die Standardauffassung angeblich stützendes Argument ist die scheinbare Abnahme der Lungenkrebssterblichkeit in Abhängigkeit von der Zeitdauer der Rauchabstinenz (Report, Tabelle 2). Es wurde bereits darauf hingewiesen, daß die Probandengruppen in allen genannten Studien aufgrund eigener Angaben gebildet wurden. Es ist klar, daß sich anhand von Studien mit einem derartigen Auswahlverfahren keine stichhaltigen Schlüsse hinsichtlich eines kausalen Zusammenhangs ziehen und auch keine Vergleiche zwischen Ex-Rauchern und Noch-Rauchern anstellen lassen. Noch aussichtsloser ist der Versuch, auf diese Weise einen kausalen Zusammenhang zwischen dem Rauchen und bestimmten Erkrankungen nachzuweisen. Friedman u. a. (1979) haben aufgezeigt, daß Ex-Raucher und Noch-Raucher vom Gesundheitszustand her bereits große Unterschiede aufweisen, wenn erstere das Rauchen aufgeben. Eysenck (1980) hat nachgewiesen, daß Ex-Raucher in ihren Persönlichkeitsmerkmalen stärker Nichtrauchern ähneln als Noch-Rauchern. Da Ex-Raucher und Noch-Raucher im Hinblick auf Persönlichkeit und Gesundheitszustand zum Zeitpunkt der Aufgabe des Rauchens keineswegs ähnlich oder gar identisch sind, ist die Grundvoraussetzung für einen wissenschaftlich haltbaren Vergleich nicht erfüllt. Die unterschiedlichen Sterblichkeitsraten von Ex-Rauchern und Noch-

Rauchern lassen sich somit nicht im Sinne einer Kausalhypothese interpretieren.

Bei der Studie der MRFIT (Multiple Risk Factor Intervention Trial)-Forschungsgruppe (1982) wurde mit Gruppen von Versuchspersonen gearbeitet, die nicht aufgrund eigener Angaben, sondern durch ein Zufallsverfahren gebildet wurden. In dieser Studie über Frühpräventivmaßnahmen wurden die Auswirkungen eines Multifaktor-Präventivprogrammes auf die Sterblichkeit durch koronare Herzkrankheit untersucht. 12 866 stark risikobelastete Männer im Alter von 35 bis 57 Jahren wurden durch ein Zufallsverfahren *entweder* einer Gruppe mit einem besonderen Programm zugeteilt, das medikamentöse Hypertoniebehandlung, ärztliche Beratung zum Thema Zigarettenrauchen und Ernährungshinweise zwecks Senkung des Blutcholesterinspiegels umfaßte, *oder* aber einer Kontrollgruppe zugewiesen, für die die übliche Gesundheitsfürsorge zur Verfügung stand. Nach durchschnittlich 7 Jahren war in beiden Gruppen das Risiko gesunken, in der ersten Gruppe jedoch stärker als in der Kontrollgruppe. In der Versuchsgruppe lag die Sterblichkeit durch koronare Herzkrankheit bei 17,9 pro Tausend, in der Kontrollgruppe bei 19,3 pro Tausend – statistisch gesehen bestand also kein signifikanter Unterschied. Die Sterblichkeitsrate insgesamt betrug in der Versuchsgruppe 41,2 pro Tausend bzw. 40,4 pro Tausend in der Kontrollgruppe, d. h., die Sterblichkeit war in der Versuchsgruppe größer als in der Kontrollgruppe. Die deutliche Verminderung des Zigarettenkonsums (sowie die deutliche Senkung des Blutcholesterinspiegels bzw. des Blutdrucks) in der Versuchsgruppe verfehlte also ihre Wirkung. Kaum ernst zu nehmen dürfte allerdings die etwas höhere Sterblichkeitsrate in der Versuchsgruppe sein. Die Untersuchungsergebnisse hinsichtlich koronarer Herzkrankheit werden später noch erörtert.

Interessant ist an dieser Stelle die Sterblichkeitsrate insgesamt, da sie auch die Krebssterbefälle enthält. Als Folge des geringeren Zigarettenkonsums hätte sie in der Versuchsgruppe eigentlich abnehmen müssen. Man denke in diesem Zusammenhang an die im Report des Surgeon General aufgestellte Behauptung (1982, b. 5), daß „die Gesamtsterblichkeit bei Zigarettenrauchern erheblich höher sei als bei Nichtrauchern“ und daß sie vermutlich bei vermindertem Zigarettenkonsum zurückginge. Offensichtlich trifft dies aber weder für die Gesamtsterblichkeit noch – wie verschiedene Studien beweisen – für die Krebssterblichkeit im besonderen zu.

Eine letzte Bemerkung zum MRFIT (Multiple Risk Factor Intervention Trial). Die nachträglich vorgebrachten Gründe zur Erklärung der enttäuschenden Ergebnisse (vgl. Oliver, 1982) sind wohl kaum ernst gemeint. Man müßte sonst zu dem Schluß kommen, daß in dem großen Team von Fachleuten, die an der Planung dieses 115-Millionen-Dollar-Projektes beteiligt waren, ein kaum faßbares Maß an Unfähigkeit herrschte. Zum Teil werden einfach vereinzelte positive Resultate aus den insgesamt negativen Ergebnissen herausgegriffen. Das läuft den Grundsätzen statistischer Untersuchung zuwider, denn die statistische Wahrscheinlichkeitsrechnung kann nicht auf isolierte Daten gestützt werden; schließlich stellen diese immer nur einen kleinen Ausschnitt aus dem gesamten Datenmaterial dar.

Auch andere Versuche, wie z. B. der noch nicht abgeschlossene Europaversuch der Weltgesundheitsorganisation (World Health Organization European Trial) mit 63733 Männern im Alter von 40 bis 59 Jahren in 44 Fabriken in Großbritannien, Belgien, Italien, Polen und Spanien (World Health Organization European Collaborative Group, 1982), erbrachten enttäuschende Resultate, da die Veränderungen geringer als erwartet ausfielen, nicht konsistent waren oder nicht bestätigt werden konnten. Prognostiziert war für die gesamte Versuchsgruppe eine Abnahme des Risikos für koronare Herzkrankheit um 14 % bzw. in der Gruppe mit erhöhtem Risiko sogar um 24 % innerhalb von 4 Jahren. Die Autoren mußten jedoch feststellen, daß der tatsächliche Rückgang der koronaren Herzkrankheit selbst in einer Studie dieser Größenordnung weit hinter den Prognosen zurückblieb. Auch im North-Karelia-Projekt (Puska u. a., 1979) wurden 5 Jahre nach Krankheitsausbruch Zigarettenkonsum, Blutdruck und Blutcholesterinwerte in der Versuchsgruppe durchschnittlich um effektiv 17 % (Männer) bzw. 12 % (Frauen) gegenüber der Kontrollgruppe reduziert. Ein Rückgang der Sterblichkeit durch koronare Herzkrankheit konnte aber auch hier nicht festgestellt werden. Lediglich in einer kleinen Osloer Studie (Hjermann u. a., 1981) zeigte sich ein Rückgang der koronaren Herzkrankheit bei nichthypertonischen Männern in stark gefährdeten Gruppen, nachdem sie nicht mehr rauchten und an einem Ernährungsprogramm zur Senkung der Lipidkonzentration teilnahmen.

Ganz allgemein ist festzustellen, daß die Perspektiven in diesem medizinischen Sektor nicht eben vielversprechend sind. Nur besser geplante und kontrollierte Studien sowie längere Untersuchungszeiträume könnten hier für Veränderung sorgen. Auch wenn die Auswahl aufgrund von Angaben der Probanden als Fehlerquelle ausgeschaltet wurde, konnte insgesamt gesehen der Nachweis, daß das Zigarettenrauchen als kausaler Faktor bei der Krankheitsentstehung eine Rolle spielt, nicht erbracht werden.

Die genannten Studien befassen sich hauptsächlich mit koronarer Herzkrankheit, so daß die Ergebnisse nicht unbedingt für das Thema Lungenkrebs relevant sind. Rose u. a. (1982) berichten allerdings von einer 10jährigen Studie mit männlichen Rauchern mittleren Alters, bei denen ein hohes Risiko für Herz- und Atemwegserkrankungen bestand. Eine Versuchsgruppe und eine Gruppe mit normaler ärztlicher Betreuung wurden im Zufallsverfahren gebildet. In der Versuchsgruppe konnte der durchschnittliche Zigarettenkonsum durch eingehende ärztliche Beratung um etwas mehr als die Hälfte gesenkt werden. In der anderen Gruppe (mit 731 männlichen Probanden) wurden 25 Lungenkrebsfälle registriert, in der Versuchsgruppe gab es 22 vergleichbare Fälle – ein signifikanter Unterschied bestand also nicht. Ein Blick auf die Zahlen über die Gesamtsterblichkeit, die am zuverlässigsten sind, weil Fehldiagnosen hier nicht zu Buche schlagen, zeigt folgendes: Die Sterbeziffern in der Versuchsgruppe (17,2 %) und der Kontrollgruppe (17,5 %)

lagen so eng beieinander, daß man den Unterschied als statistisch nicht signifikant bezeichnen kann.

Die Ergebnisse dieser Untersuchung ähneln denen anderer Präventivstudien mit Versuchsgruppen, die durch ein Zufallsverfahren gebildet wurden – *eine erkennbare Wirkung, wenn das Rauchen aufgegeben wurde, blieb aus.*

Erstaunlicherweise stellten Rose u. a. mit einer Signifikanz von $p < 0{,}003$ fest, daß in der Versuchsgruppe eine viel größere Häufigkeit von „allen Krebsarten außer Lungenkrebs" vorlag als in der Kontrollgruppe (S. 106). Es ist allerdings fraglich, ob sich dieses Ergebnis wiederholen läßt, da es schwierig ist, stichhaltige Wahrscheinlichkeitswerte für nachträgliche Hypothesen zu ermitteln. Burch (1983) stellt fest, daß sich die Gesamtsterblichkeitsdaten in allen diesen Untersuchungen mit den von ihm ermittelten Trends der geschlechts- und altersspezifischen Sterblichkeit für alle Todesursachen in England und Wales decken (Burch, 1983). Burch zufolge „konnte bei steigendem Zigarettenkonsum kein krankheitsverursachender Einfluß des Zigarettenrauchens festgestellt werden und bei sinkendem Konsum auch kein prophylaktischer Einfluß" (S. 832).

Im Report wird abschließend der Zusammenhang zwischen Lungenkrebssterblichkeit und Tabakkonsum in verschiedenen Bevölkerungsgruppen behandelt (Lyon u. a., 1980, S. 48 – 50). Als Hauptargument wird die Tatsache angeführt, daß z. B. bei Mormonen und Adventisten, die nicht rauchen, eine geringe Lungenkrebshäufigkeit zu verzeichnen ist. Die Zugehörigkeit zu diesen Sekten geht natürlich auf eine Form der Selektion zurück, denn man gehört diesen Sekten auf eigenen Wunsch bzw. durch die Vorfahren an. Ganz abgesehen davon stellen die Ergebnisse die Standardauffassung vor große Probleme, wie Enstrom (1980) nach eingehender Überprüfung der Daten feststellte. Der reinen Kausalhypothese zufolge müßte die Lungenkrebshäufigkeit bei den Mormonen, die ja gemäß ihrem religiösen Kodex nicht rauchen, der Lungenkrebshäufigkeit bei vergleichbaren Nichtrauchergruppen der übrigen Bevölkerung entsprechen. Lyon u. a. (1980) haben die entsprechenden Zahlen bei Mormonen und Nicht-Mormonen (Raucher *und* Nichtraucher) zwischen 1967 und 1975 im US-Bundesstaat Utah miteinander verglichen: Männliche Mormonen hatten eine altersbereinigte Lungenkrebshäufigkeit von 46 % der Lungenkrebshäufigkeit in der übrigen Bevölkerung (Raucher *und* Nichtraucher), bei den Frauen waren es 44 %. Bei einem Vergleich von Mormonen und Nichtrauchern in der übrigen Bevölkerung wäre nach der Standardauffassung die Lungenkrebshäufigkeit bei männlichen Mormonen mindestens doppelt so hoch wie bei den nichtrauchenden Nicht-Mormonen. „Nach der konstitutionellen Hypothese setzt sich die Mormonenpopulation – u. a. als Folge von Selektion – aus Nichtraucher- und Raucher-Genotypen zusammen, wobei der erste Typ zumindest bei den Männern relativ stark vertreten ist" (Burch, 1983, S. 832). Die Krebssterblichkeit bei den Mormonen „läßt sich durch das Rauchverhalten nicht zufriedenstellend erklären" (Enstrom, 1980).

Zusammenfassung

Es wären noch viele Nebenaspekte der Reports des Surgeon General der USA bzw. des britischen Royal College of Physicians genauer zu untersuchen. Eine derart ausführliche Auseinandersetzung scheint jedoch nicht notwendig, da die hier diskutierten Gesichtspunkte bereits ein klares Bild ergeben; für eine weitergehende Erörterung sei auf Burch (1983) und Eysenck (1980) verwiesen. Insgesamt kann folgendes gesagt werden: Im Hinblick auf Lungenkrebs (und das gilt weitgehend auch für koronare Herzkrankheit) ist festzustellen, daß das Datenmaterial so unzuverlässig und fehlerhaft ist, daß man bezweifeln muß, ob sich daraus ernstzunehmende Schlüsse ableiten lassen.

Eine eingehende Prüfung des Beweismaterials im Hinblick auf die fünf im Report des Surgeon General genannten epidemiologischen Kriterien für Kausalität zeigt, daß das Material in keinem Fall eindeutig ist und vielfach sogar in klarem Widerspruch zu den Thesen der Standardauffassung steht. Die Untersuchungsergebnisse sind größtenteils dadurch entscheidend beeinträchtigt, daß eine Auswahl der Versuchspersonen aufgrund eigener Angaben stattfand; besonders negativ wirkt sich dabei aus, daß dieser Faktor von den Autoren völlig außer acht gelassen wurde. Ferner werden alternative Theorien, insbesondere die konstitutionelle oder genetische Hypothese, überhaupt nicht berücksichtigt. Obwohl vieles für diese Hypothese spricht, wurde nie geprüft, ob sie vielleicht unter Umständen wissenschaftlich akzeptabler ist als die Kausalhypothese. Die vorliegenden Untersuchungsergebnisse schließen sicherlich die Möglichkeit nicht aus, daß Rauchen Lungenkrebs oder ganz allgemein Krebs verursachen kann; allerdings liefern sie auch nicht den erforderlichen Beweis. Entschieden zu widersprechen ist der Schlußfolgerung des Reports (Surgeon General, 1982), daß „das Zigarettenrauchen die Hauptursache für Lungenkrebs in den USA ist“ (S. 62) oder daß die Lungenkrebssterblichkeit zu 85 % auf das Rauchen zurückzuführen ist (S. 63). Es fehlt nicht nur an Beweisen für diese Behauptung, viele Daten sprechen sogar dagegen.

Die Beantwortung folgender Fragen steht noch aus: Ist die Standardauffassung insgesamt oder wenigstens teilweise zutreffend? Ist die genetische Hypothese (die in einem späteren Abschnitt noch genauer erörtert wird) richtig? Ergänzen beide Hypothesen einander, und ist dadurch die Entstehung von Lungenkrebs erklärbar? Oder ist eine der schon genannten anderen Hypothesen in diesem Zusammenhang bedeutsam? Die Forschung wäre heute sicherlich weiter, wenn man die Bedeutung alternativer Hypothesen klarer erkannt und sich nicht so sehr auf die Standardauffassung als einziges Erklärungsmodell versteift hätte.

4. Der Zusammenhang von Rauchen und koronarer Herzkrankheit

Den Vertretern der Standardauffassung zufolge soll es – wie beim Lungenkrebs – nicht nur einen statistischen, sondern auch einen kausalen Zusammenhang zwischen koronarer Herzkrankheit und Rauchen geben (Working Party of the Royal College of Physicians, 1976). Im British Medical Journal (1979) heißt es: „Die wichtigsten tödlichen Krankheiten von heute werden durch unsere Lebensweise verursacht. Jedes Jahr sterben in Großbritannien über 120000 Menschen an Krebs. In vielen Fällen sind eindeutig Umwelteinflüsse die Krebsursache. Das Zigarettenrauchen verursacht 30000 Sterbefälle durch Lungenkrebs – und sogar noch mehr durch koronare Herzkrankheit." Das Beweismaterial für die kausale Hypothese wurde bereits im Hinblick auf Lungenkrebs überprüft; auch hinsichtlich koronarer Herzkrankheit wird die Standardauffassung von vielen Wissenschaftlern in Frage gestellt (vgl. z. B. Burch, 1978, 1980; Seltzer, 1970, 1975; Thomas, 1968; Werko, 1976).

Die Bemerkungen zum Komplex Rauchen und Lungenkrebs gelten großenteils auch für Rauchen und koronare Herzkrankheit, besonders im Hinblick auf die Unzuverlässigkeit der Daten und die Auswahl der Versuchspersonen. Wie bereits eingehend erörtert, scheiterten insbesondere große Interventionsstudien über koronare Herzkrankheit. Viele Autoren sehen zwar einen gewissen kausalen Zusammenhang zwischen Rauchen und koronarer Herzkrankheit, sind aber in ihrer abschließenden Beurteilung zurückhaltend. Dafür gibt es zwei wesentliche Gründe:

1. Der Sterblichkeitsquotient für koronare Herzkrankheit ist viel niedriger als bei Lungenkrebs. Für Lungenkrebs beträgt er 10,8, für koronare Herzkrankheit lediglich 1,7.

Erwies sich schon der Nachweis eines kausalen Zusammenhangs zwischen Rauchen und Lungenkrebs als schwierig, so dürfte es nicht überraschen, wenn dies im Hinblick auf koronare Herzkrankheit noch sehr viel komplizierter ist.

2. Das Rauchen rangiert unter den angenommenen Ursachen für Lungenkrebs zumindest an erster Stelle. Für die koronare Herzkrankheit werden aber auch andere, vielleicht noch relevantere kausale Faktoren, wie z. B. Hypercholesterinämie und Hypertonie, vermutet. Nicht nur die Korrelation zwischen Rauchen und koronarer Herzkrankheit ist also geringer, das Rauchen ist auch nur einer von möglicherweise vielen Faktoren, denen eine kausale Rolle für koronare Herzkrankheit zugeschrieben wird. Auch in diesem Zusammenhang hat man der konstitutionellen Hypothese wenig Beachtung geschenkt, obwohl sie eine ernstzunehmende Alternative darstellt, denn der mögliche Kausaleffekt des Rauchens ist bei koronarer Herzkrankheit sehr viel geringer als beim Lungenkrebs. Hinzu kommt, daß es eben noch weitere Faktoren gibt, die bei der Entstehung der koronaren Herzkrankheit auch in Betracht kommen.

Der mögliche Zusammenhang zwischen Rauchen und koronarer Herzkrankheit (KHK) ist deshalb von Bedeutung, weil der Sterblichkeitsquotient zwar weit unter dem bei Lungenkrebs liegt, die Zahl der Sterbefälle durch KHK in absoluten Zahlen aber weitaus größer ist. Koronare Herzkrankheit ist in vielen Ländern inzwischen die Haupttodesursache. In Großbritannien zum Beispiel stieg die Zahl der Sterbefälle durch KHK in den letzten 40 Jahren stetig an. Die meisten Experten stimmen darin überein, daß es einen *statistischen* Zusammenhang zwischen Rauchen und Erkrankung des Herzens gibt; entscheidend ist aber hier die Frage, ob ein *kausaler* Zusammenhang besteht oder nicht. Im Report des Surgeon General von 1964 wurde folgendes festgestellt: „Es ist nicht eindeutig erkennbar, ob dieser Zusammenhang kausal ist“ (S. 64). Im Report des Royal College of Physicians von 1977 wird etwas vorschnell gefolgert, daß „der Zusammenhang zwischen Rauchen und Herzkrankheit im wesentlichen eine Ursache-Wirkungs-Beziehung ist" (S. 84). Es wird sich zeigen, daß diese Behauptung nicht zu beweisen ist.

Die Bedeutung konstitutioneller Faktoren steht außer Frage. Seltzer (1975) stützte sich bei seiner Untersuchung auf drei Lungenfunktionsgrößen: forcierte Vitalkapazität, Sekundenkapazität und exspiratorischer Fluß. Versuchspersonen waren insgesamt 65086 weiße, schwarze und asiatische Zigarettenraucher und Nichtraucher beiderlei Geschlechts im Alter von 20 bis 79 Jahren. Bei der Bestimmung der drei Lungenfunktionsgrößen ergaben sich bei Rauchern und Nichtrauchern interessante Ergebnisse. In der Gruppe der Weißen erzielten die Nichtraucher in praktisch allen Altersgruppen und beiden Geschlechtern im Mittel höhere Funktionswerte als die Zigarettenraucher. Bei den Schwarzen und Asiaten ließen sich ähnliche Unterschiede zwischen Rauchern und Nichtrauchern jedoch nicht feststellen! Auch die Untersuchung von Konsumhöhe, Rauchdauer und Inhalationsintensität gab keinen Aufschluß darüber, warum es in diesen Gruppen im Gegensatz zur weißen Versuchsgruppe keine nennenswerten Unterschiede zwischen den Lungenfunktionswerten von Rauchern und Nichtrauchern gab. Es gab auch keine einleuchtende Erklärung dafür, daß im Mittel keine nennenswerten Unterschiede zwischen den Lungenfunktionswerten von Inhalierern und Nichtinhalierern ermittelt wurden.

Diese Untersuchungsergebnisse zeigen eindeutig: Ohne die Berücksichtigung konstitutioneller, rassischer sowie anderer wichtiger genetischer Faktoren ist eine zufriedenstellende Klärung dieser komplexen Frage nicht möglich.

Die Ergebnisse einer großangelegten Studie mit japanischen Männern in Japan, Hawaii und Kalifornien bestätigen dies (Kagan u. a., 1975; Marmot u. a., 1975; Rhoades u. a., 1978; Stemmermann u. a., 1976; Syme u. a., 1975; Winkelstein u. a., 1975; Worth u. a., 1975). Hier zeigte sich bei Männern japanischer Herkunft eine Zunahme der KHK-

Sterblichkeit von Japan über Hawaii nach Kalifornien, obwohl der Rauchkonsum bei den Männern insgesamt kaum unterschiedlich war.

Die Ergebnisse, die hier nicht weiter diskutiert werden können, deuten darauf hin, daß bei der Entstehung der koronaren Herzkrankheit eine Kombination von Rasse und umweltbedingten Einflußfaktoren eine Rolle spielt.

Der Sterblichkeitsquotient für koronare Herzkrankheit insgesamt liegt bei etwa 1,7. Dieser Wert schwankt aber je nach Art der Herzerkrankung. Für Angina pectoris zum Beispiel wurden stark voneinander abweichende Ergebnisse ermittelt. In einer großangelegten Studie wurde festgestellt, daß bei Rauchern mit einem täglichen Zigarettenkonsum von mindestens 20 eine *geringere* Erkrankungshäufigkeit vorlag als bei Nichtrauchern. Man folgerte daraus, daß das Risiko, an einer Angina pectoris als Erscheinungsform der KHK im Anfangsstadium zu erkranken, in keinem Zusammenhang zum Tabakkonsum steht. Auch andere Autoren sind zu diesem Ergebnis gekommen (Seltzer, 1968). Cederlof u. a. (1969) fanden in einer Studie über die Erkrankungshäufigkeit bei eineiigen Zwillingen in Schweden eine ähnliche Häufigkeit von Angina pectoris bei Rauchern und Nichtrauchern. Das Rauchen konnte auch in dieser Untersuchung als Krankheitsursache ausgeschlossen werden. Seltzer (1968) stellt fest: „Einfache Fälle von Angina pectoris machen ungefähr 20 % aller KHK-Erscheinungsformen bei Männern aus; wenn Angina pectoris in keinerlei Zusammenhang mit dem Tabakkonsum steht, müßte man einen bedeutenden Anteil der KHK-Fälle im Hinblick auf diese Fragestellung ausklammern" (S. 197).

Altersspezifische Untersuchungen zeigen einige interessante Ergebnisse. Seltzer (1975) hat aus den Daten von vier großen prospektiven Studien zum Thema Rauchen und Gesundheit altersbereinigte KHK-Häufigkeit und -Sterblichkeitsquotienten errechnet. Die Ergebnisse waren einheitlich und zeigten, daß bei älteren männlichen Rauchern gegenüber Ex-Rauchern und Nichtrauchern weder ein signifikant höheres Sterberisiko hinsichtlich koronarer Herzkrankheit noch eine erhöhte KHK-Häufigkeit festzustellen war. „Bei älteren Noch-Raucherinnen schien die KHK-Häufigkeit geringer zu sein als bei den Ex-Raucherinnen . . . Ex-Raucher und Noch-Raucher haben, wenn sie älter sind, im wesentlichen das gleiche Risiko für koronare Herzkrankheit" (S. 168). Jenseits der Altersgrenze von etwa 64 Jahren gibt es nicht einmal einen statistischen Zusammenhang zwischen Rauchen und KHK.

Die Untersuchung von Dosis-Wirkungs-Beziehungen läßt ein weiteres Problem erkennen. Seltzer hat darauf hingewiesen (1968):

> Die meisten Untersuchungen jüngeren Datums zeigen keinen einheitlichen Verlauf der Sterblichkeits- und Erkrankungskurven in Abhängigkeit vom durchschnittlichen täglichen Zigarettenkonsum. Es trifft zwar zu, daß bei Rauchern mit hohem Zigarettenkonsum eine eindeutig höhere Rate von koronarer Herzkrankheit und myokardialen Infarkten zu verzeichnen ist als bei den Rauchern mit niedrigem Konsum; vergleicht man diese Gruppe mit der mittleren Gruppe, zeigt sich aber, daß die entsprechenden KHK-Raten in der mittleren Gruppe nicht höher sind als in der Gruppe mit niedrigem Zigarettenkonsum oder sogar noch darunter liegen (. . .) der uneinheitliche Verlauf der „ansteigenden Kurve", der sich aus diesen neuen Zahlen ergibt, deutet darauf hin, daß sich der gesamte Fragenkomplex nicht ganz so einfach beantworten läßt, wie auf den ersten Blick anzunehmen war (S. 195).

Diese Ergebnisse wurden in Ländern ermittelt, in denen ein statistischer Zusammenhang zwischen KHK und Rauchen festgestellt worden war. Es muß aber hinzugefügt werden, daß Keys (1962) in einer internationalen Studie in Finnland, den Niederlanden, Jugoslawien, Italien, Griechenland und Japan *keinen Zusammenhang* zwischen Rauchen und koronarer Herzkrankheit fand! Sogar der rein statistische Zusammenhang beschränkt sich also auf bestimmte Länder.

Schon beim Thema Lungenkrebs haben wir gesehen, daß offensichtlich kein Zusammenhang zwischen der Zeitdauer starken Zigarettenrauchens und dem Lungenkrebsrisiko besteht. Gleiches gilt auch für den myokardialen Infarkt. Seltzer (1968, S. 198) resümiert aus drei Studien: „Die Dauer des Zigarettenkonsums wird zwar als wichtiger Faktor im Zusammenhang mit der Lungenkrebssterblichkeit angesehen; nach den neuen Erkenntnissen im Report von 1964 dürfte dieser Faktor im Hinblick auf koronare Herzkrankheit allerdings ausscheiden. Die vorliegenden Ergebnisse stimmen mit den Schlußfolgerungen der Albany- und Framingham-Studien überein: Danach werden myokardialer Infarkt und Tod durch koronare Herzkrankheit nicht durch einen kumulativen Effekt der Inhalation von Zigarettenrauch herbeigeführt." In der Framingham-Studie wird die These vertreten, daß koronare Herzkrankheit nur *akut* und nicht *chronisch* mit dem Zigarettenrauchen zusammenhängt. Das Zigarettenrauchen würde demnach eine tödliche Arrhythmie bzw. Thrombose bei Patienten auslösen, die durch einen bereits gestörten Koronarkreislauf entsprechend empfänglich sind. Wenn das zuträfe, würde das Rauchen sich nur auf solche Patienten auswirken und hätte bei Menschen mit einem gesunden Koronarsystem keine schädigende Wirkung.

Ähnlich wie beim Lungenkrebs liegen auch für koronare Herzkrankheit zum Thema Inhalation widersprüchliche und verwirrende Daten vor. Doll und Hill (1964, S. 1408) schreiben: „Bei koronarer Herzkrankheit (ohne Hypertonie) wurden lediglich geringe und statistisch nicht signifikante Unterschiede festgestellt." In der prospektiven Studie von Hammond (1966) wurde dagegen festgestellt, daß die KHK-Sterberate teilweise von der Inhalationsintensität abhängig ist. Eine Erklärung für diese sich widersprechenden Untersuchungsergebnisse läßt sich schwer finden.

Die Zahlen über Ex-Raucher sind noch verwirrender. Im Report des Surgeon General von 1964 wird darauf hingewiesen, daß „bei männlichen Ex-Rauchern eine geringere KHK-Sterblichkeit zu verzeichnen ist als bei Noch-Rauchern". Im Gegensatz dazu zeigte Seltzer (1968) in einer eingehenden Analyse der neueren Daten folgendes: Ex-Raucher nehmen hinsichtlich KHK-Sterblichkeit zwar bisweilen eine Mittelstellung zwischen Rauchern und Nichtrauchern ein; einigen Reports zufolge besteht für sie aber auch ein deutlich geringeres Risiko als für Nichtraucher. Die vorliegenden Ergebnisse lassen keine endgültigen Schlüsse zu.

Die Erkenntnisse deuten darauf hin, daß zwischen Zigarrenrauchen bzw. Pfeifenrauchen und koronarer Herzkrankheit kein statistischer Zusammenhang besteht. Doll und Hill (1964, S. 1409) kommen zu folgendem Ergebnis: „Bei Pfeifen- und Zigarrenrauchern zeigte sich eine niedrigere Sterblichkeitsrate als in der Gruppe der Nichtraucher.“ Dorn stellte in einer Untersuchung mit Veteranen in den USA fest, daß der Sterblichkeitsquotient von Zigarren- bzw. Pfeifenrauchern praktisch dem von Nichtrauchern entsprach. In der Studie von Hammond (1966) mit amerikanischen Männern stellte sich heraus, daß bei den Pfeifenrauchern eine insgesamt niedrigere KHK-Sterbeziffer vorlag als bei Nichtrauchern. Bei den Zigarrenrauchern war sie etwas höher als bei den Nichtrauchern. Diese Studien werfen insofern ein Problem auf, als Nikotin im Tabakrauch doch vielfach eine Rolle bei der koronaren Herzkrankheit zugeschrieben wird. Im übrigen wird auch Kohlenmonoxyd als maßgeblich verantwortlich angesehen. Hierbei stützt man sich allerdings weitgehend auf die Untersuchungen von Astrup mit Kaninchen, deren Ergebnisse er aber nicht wiederholen konnte.

Auch das folgende Phänomen wird im Rahmen der Standardauffassung übersehen: Die Sterblichkeitsquotienten für koronare Herzkrankheit liegen in der Altersgruppe zwischen 40 und 49 Jahren sehr hoch (bei starken Rauchern Werte bis 5,5), gehen in den darüberliegenden Altersgruppen aber allmählich zurück und erreichen in der Altersgruppe 70 – 79 Jahre den Wert 1 oder liegen sogar noch darunter (Hammond und Garfinkel, 1969). Wie Burch (1980) betont hat, sind diese Ergebnisse nicht mit der von der Standardauffassung angenommenen Dosis-Wirkungs-Beziehung in Einklang zu bringen. Die Tatsache, daß das Sterberisiko nach 30, 40 oder 50 Jahren Rauchen offensichtlich sinkt, läßt sich nicht mit der These vereinbaren, 20 Jahre Rauchen führe zu tödlichen Herzanfällen. Mit der genetischen Hypothese lassen sich Ergebnisse dieser Art jedoch sehr wohl erklären (Burch, 1984).

Einer Prognose von Doll (1971) zufolge müßte die altersspezifische Lungenkrebshäufigkeit bei Rauchern mit zunehmendem Alter wesentlich stärker ansteigen als bei Nichtrauchern. Der Sterblichkeitsquotient würde bei den 40jährigen demnach ca. 3,4 betragen und bei den 80jährigen schließlich den Wert 25 erreichen. Diese Annahme bestätigt sich in Untersuchungen aber nicht – die Sterblichkeitsquotienten verändern sich kaum mit zunehmendem Alter (Hammond, 1972; Burch, 1978 c). Auch hier stimmt die genetische Hypothese mit den vorliegenden Daten überein (Burch, 1984).

Soweit zu den epidemiologischen Studien. Untersuchungen, die eher medizinisch orientiert sind, befassen sich mit den pathologischen, klinischen und experimentellen Ergebnissen. Nach eingehender Prüfung kam Seltzer zu folgender Erkenntnis (1970, S. 190):

> Ein chronischer Effekt des Zigarettenrauchens ist nicht zu erkennen und steht im Widerspruch zu den vorliegenden Daten. Hinsichtlich eines akuten Effekts des Zigarettenrauchens sind eine ganze Reihe von physiologischen Mechanismen benannt worden, durch die das Zigarettenrauchen ein kritisches myokardiales Sauerstoffdefizit bei bereits vorliegender Beeinträchtigung der Koronarzirkulation infolge von KHK auslösen könnte. Es handelt sich hier aber um eine noch nicht ausreichend begründete Hypothese. Die Ergebnisse sind zwar interessant, vielfach sind die angenommenen Mechanismen aber nur unzureichend oder gar nicht untermauert.

Seltzer betont außerdem, daß der statistische Zusammenhang zwischen Zigarettenrauchen und koronarer Herzkrankheit nach wie vor ungeklärt bleibt:

> Es könnte eine konstitutionelle, d. h. genetische Prädisposition sowohl für das Rauchen als auch für KHK geben. Allgemein akzeptiert ist, daß es einen genetischen Faktor bei der KHK-Entstehung gibt. Es spricht immer mehr dafür, daß sich Raucher von Nichtrauchern in vielen biologischen Aspekten sowie in ihren Verhaltensmustern, einschließlich ihres „Lebensstils", unterscheiden. Wenn Raucher stärker zu Herzerkrankungen neigen als Nichtraucher, weil sie anders veranlagt, d. h. genetisch anfälliger sind, könnte dadurch der relativ schwache Zusammenhang (Sterblichkeitsquotient 1,7) zwischen dem Auftreten von Herzerkrankung und dem Zigarettenrauchen erklärt werden.

Tatsächlich wurde in der überzeugendsten Studie über den Zusammenhang zwischen Rauchen und Erkrankungen der Koronararterien (Vlietstra u. a., 1982) „keine positive

Korrelation (und in einigen Gruppen sogar eine negative Korrelation) zwischen den arteriographischen Meßdaten und der Raucheranamnese festgestellt“ (S. 208). Bei einer Gruppe mit immerhin 15298 Patienten, die sorgfältigen arteriographischen Tests unterzogen wurden, ist kein Zusammenhang zwischen der Schwere der Erkrankung der Koronararterien und dem Rauchen festgestellt worden. Die Autoren vermuten, daß es Faktoren geben könnte, wie z. B. das Rauchen, die lediglich den Ausbruch der Krankheit, nicht aber ihre weitere Entwicklung beeinflussen; es spricht allerdings wenig für diese Ansicht. Auch die Ergebnisse dieser Studie gehören zu den vielen Ungereimtheiten, für die die Standardauffassung hinsichtlich koronarer Herzkrankheit keine Erklärung hat.

Als letzter Punkt soll der überraschende Rückgang der Sterblichkeit durch kardiovaskuläre Erkrankungen in der Schweiz zwischen 1951 und 1976 (Guberan, 1979) erörtert werden, der sich bei den Frauen trotz ansteigendem Tabakkonsum und bei den Männern trotz nahezu unverändertem Tabakkonsum vollzog. Auch der Verbrauch von tierischen Fetten stieg in dieser Zeit um 20 %. Dennoch sank die altersstandardisierte Sterberate für Kreislauferkrankungen bei den Männern um 22 %, bei den Frauen um 43 %. Dieses Ergebnis spricht nicht gerade für die Standardauffassung.

Der Zusammenhang zwischen Zigarettenrauchen und koronarer Herzkrankheit wurde hier nicht so eingehend behandelt wie Lungenkrebs, denn viele der bereits erörterten Ergebnisse über Lungenkrebs gelten weitgehend auch für KHK. Die Schlußfolgerungen zeigen deutliche Parallelen: Der Nachweis einer kausalen Wirkung des Zigarettenrauchens ist keineswegs gesichert, alternative Hypothesen wurden nicht widerlegt, eindeutige Beweise für eine kausale Wirkung des Zigarettenrauchens liegen nicht vor. Es ist bedauerlich, daß alternative Theorieansätze wie die konstitutionelle oder genetische Hypothese noch nicht in überprüfbarer Form formuliert wurden. Nur auf konstitutionelle oder genetische Faktoren zu verweisen reicht nicht aus; man müßte auch Hypothesen über ihre genaue Funktionsweise aufstellen. Darüber hinaus sollten Vorstellungen entwickelt werden, wie diese Hypothesen empirisch geprüft werden können.

Besonders das Fehlen überprüfbarer, klar formulierter alternativer Hypothesen hat dazu geführt, daß sich die Standardauffassung allgemein durchsetzen konnte und alternative Hypothesen experimentell wenig beachtet wurden. Im folgenden soll nun eine alternative Hypothese und das entsprechende Beweismaterial erörtert werden.

5. Die konstitutionelle Hypothese

Die Entwicklung der konstitutionellen oder auch genetischen Hypothese zur Erklärung der Assoziation zwischen Rauchen und Lungenkrebs wird häufig Sir Ronald Fisher (1958 b, c) zugeschrieben. Genaugenommen trifft dies jedoch nicht zu. Fisher begründete nämlich keine Theorie oder wissenschaftliche Hypothese im üblichen Sinne. Er vertrat lediglich die Ansicht, daß es möglicherweise noch eine alternative – nicht direkt-kausale – Erklärung für diesen Zusammenhang gibt. Fishers „Hypothese“ ist zu weit gefaßt und zu ungenau, als daß man sie überprüfen bzw. widerlegen könnte. Wissenschaftlich sinnvoll und akzeptabel sind nur Hypothesen, die so formuliert wurden, daß sie sich durch entsprechende Studien entweder stützen oder widerlegen lassen.

Ein solcher Versuch wurde unternommen (Eysenck, 1984), wobei jedoch eingeräumt werden muß, daß der Erklärungsansatz, obwohl er durchaus von Fakten untermauert wird, nach wie vor spekulativ ist. Das liegt daran, daß gegenwärtig kaum Datenmaterial für die konstitutionelle Hypothese zur Verfügung steht. Diese Situation ist möglicherweise darauf zurückzuführen, daß bisher praktisch alle Forschungsmittel und der gesamte Forschungsaufwand Studien zugute kamen, deren Ziel es war, die Standardauffassung zu stützen, während alternative (oder womöglich ergänzende) Erklärungsansätze nur in geringem Umfang gefördert wurden.

Abb. 4 veranschaulicht die hier diskutierte Theorie. Die gestrichelte Linie (8) stellt die Korrelation (r) zwischen Rauchen und Lungenkrebs dar. Sie ist nicht durchgezogen, um anzudeuten, daß dieser Korrelation möglicherweise kein direkter kausaler Zusammenhang zugrunde liegt. Die durchgezogenen Linien deuten an, daß (1) genetische Faktoren bei

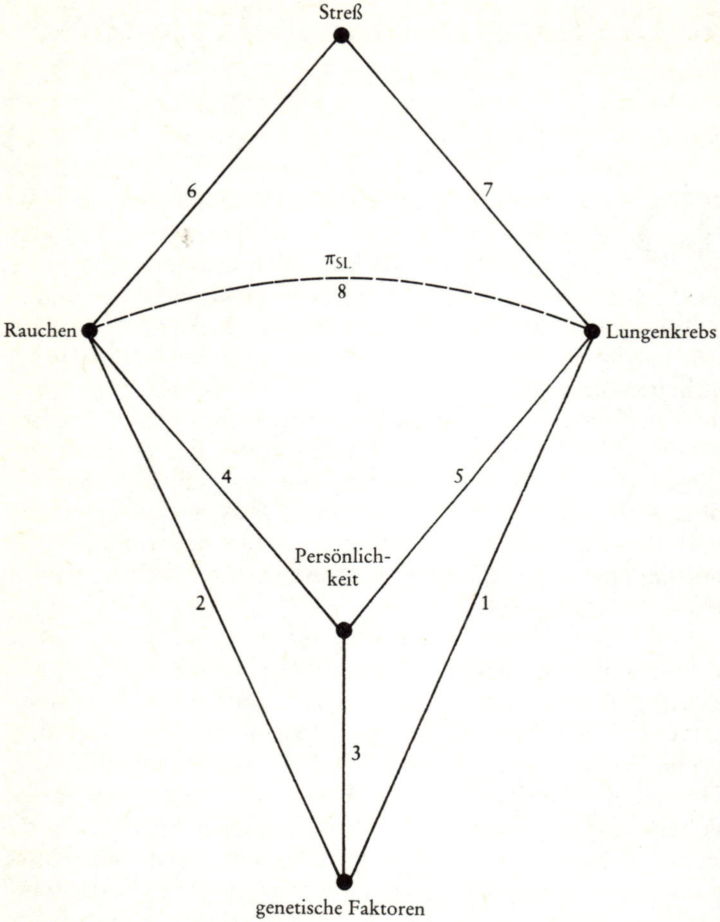

Abb. 4. Alternativer Erklärungsansatz zu Korrelationen zwischen Rauchen und Lungenkrebs unter Beteiligung genetischer Faktoren

der Entstehung von Lungenkrebs eine bedeutende Rolle spielen und (2) genetische Faktoren an der Entwicklung der Rauchgewohnheit ebenfalls maßgeblich beteiligt sind; diese Faktoren überschneiden sich vermutlich. Es wird (3) auch ein starker Einfluß genetischer Faktoren bei der Determinierung individueller Persönlichkeitsmerkmale angenommen, wobei diese Merkmale wiederum in Beziehung zum Rauchen (4) und zum Lungenkrebs (5) stehen. Ferner wird von einem Zusammenhang zwischen Streß und Rauchen (6) sowie zwischen Streß und Lungenkrebs (7) ausgegangen. Schließlich wird auch eine Beziehung zwischen Persönlichkeit und Streß hergestellt.

Die Theorie definiert die an der Entwicklung der Rauchgewohnheit und der Entstehung von Lungenkrebs beteiligten Faktoren sehr genau. Die entsprechenden Ergebnisse sind eindrucksvolle Beweise für die Theorie, insgesamt gesehen. Alle in Abb. 4 anhand durchgezogener Linien dargestellten Beziehungen basieren auf gesicherten Erkenntnissen, wenn auch für diese Beziehungen die Beweiskraft der Daten und ihre Interpretation unterschiedlich sind. Die Beweisführung für die hier behaupteten Beziehungen ist eine notwendige, jedoch in sich nicht hinreichende Voraussetzung für eine nichtkausale Erklärung des Zusammenhangs zwischen Rauchen und Lungenkrebs. Erst wenn die Beziehungen genau quantifiziert sind, könnte die im Rahmen der Standardauffassung wichtige Kausalhypothese mittels einer Pfadanalyse wirklich ausgeschlossen werden.

An eine solche wissenschaftliche Exaktheit ist gegenwärtig aber nicht zu denken. Das Problem ließe sich quantitativ angehen, wenn die in dem konstitutionellen Modell aufgezeigten Möglichkeiten von der künftigen Forschung ernsthaft verfolgt würden. Noch ist diese Theorie weitgehend spekulativ. Sie wird jedoch von zahlreichen Ergebnissen gestützt, die im Rahmen der Standardauffassung nicht zu erklären sind. Ohne Klärung dieser Widersprüche kann die Standardauffassung nicht als bewiesen gelten, auch wenn die in den vorangegangenen Abschnitten behandelten Widersprüchlichkeiten erklärt werden könnten.

Genetische Faktoren

Wenden wir uns zunächst der Entstehung von Lungenkrebs (einschließlich anderer Krebsarten bzw. koronarer Herzkrankheit) durch genetische Faktoren zu. Natürlich kann man nicht davon ausgehen, daß genetische Faktoren allein Lungenkrebs bzw. koronare Herzkrankheit auszulösen vermögen. Es wird lediglich die Ansicht vertreten, daß sie maßgeblich an der Prädisposition bestimmter Persönlichkeitstypen für diese Krankheiten beteiligt sind. Da das hierzu vorliegende Material hinlänglich bekannt ist und auch nicht bestritten wird, kann auf eine eingehende Erörterung verzichtet werden. Erwähnt seien hier lediglich einige der Veröffentlichungen, deren Ergebnisse für eine maßgebliche Beteiligung genetischer Faktoren an diesen Krankheiten sprechen. Zum Thema KHK sei auf folgende Arbeiten verwiesen: Burch (1979), Cederlof u. a. (1969), Faine (1974), Gertler und White (1954), Harvald und Hauge (1963), Hrubec u. a. (1976), Lundmann (1966), Rose (1964), Slack und Evans (1966) sowie Thomas und Cohen (1955).

Zu Krebserkrankungen allgemein gibt die Arbeit von Lynch (1977) einen guten Überblick. Speziell zum Thema Lungenkrebs sei auf die Arbeiten von Tokuhata (1964) sowie von Tokuhata und Lilienfield (1963 a, b) verwiesen, die einen fundierten genetischen Erklärungsansatz für die Entstehung von Lungenkrebs entwickelt haben. Andere Publikationen, die nützlich sein können, sind die Arbeiten von Albert und Child (1977), Anderson (1978), Cinader (1975), Cohen u. a. (1977), Feingold (1978), Harris (1980), Harvald und Hauge (1963), Heston (1976), Jackson (1978), Knudson (1973), Kohl u. a. (1977), Litwin (1978), Lynch u. a. (1981, 1982), Marks (1981), Mulvihill (1976), Schneider (1981) und Strong (1977).

Über die Wirkungsweise genetischer Faktoren bei der Krebsentstehung herrschen oft falsche Vorstellungen (Lynch u. a., 1982). Wahrscheinlich werden die meisten Krebsarten beim Menschen nicht von den bisher bekannten Mutagenen ausgelöst, sondern entstehen eher durch genetische Verlagerungen. Wichtig ist natürlich die Frage, durch welche Gruppen externer Faktoren oder durch welche Zellverhaltensmuster die Häufigkeit solcher Verlagerungen erhöht wird (Cairns, 1981). Interessanterweise haben offenbar die bisher bekannten Mutagene häufig keine Wirkung. Bei Cairns heißt es zu diesem Aspekt: „Die Entwicklung eines allgemeingültigen analytischen Ansatzes zur Erfassung der Faktoren, die solche kanzerogenen Verlagerungen auslösen, wird nicht einfach sein" (S. 357).

Zum Einfluß genetischer Faktoren auf das Rauchverhalten gibt es eine Vielzahl von Untersuchungen, in denen eineiige und zweieiige Zwillinge miteinander verglichen wurden (s. Fisher, 1958 a, b, c; Shields, 1962; Todd und Mason, 1959; Friberg u. a., 1956; Conteno und Chiarelli, 1962; Hamtoft und Lindhardt, 1956; Cederlof u. a., 1977).

In diesen Studien findet sich einheitlich eine größere Übereinstimmung bei eineiigen als bei zweieiigen Zwillingspaaren. In der Arbeit von Eysenck (1980) werden weitaus größere Versuchsgruppen von ein- und zweieiigen Zwillingen untersucht als in früheren Studien. Außerdem werden die neuesten Modellanpassungsmethoden für genetische Analysen verwendet. Darüber hinaus fanden Daten von adoptierten Kindern und intrafamiliären Untersuchungen Berücksichtigung. Man kommt zu dem Ergebnis, daß zwar der *Beginn* der Rauchgewohnheit nicht sonderlich stark von genetischen Faktoren beeinflußt wird und eher dem Konformitätsdruck Gleichaltriger zuzuschreiben ist, daß jedoch die *Beibehaltung* der Rauchgewohnheit sehr wohl auf einen starken Einfluß genetischer Faktoren zurückgeführt werden kann. Die Erkenntnisse aus diesen Analysen sind natürlich weitaus komplizierter; im Rahmen des hier behandelten Themas ist es aber nicht notwendig, im einzelnen darauf einzugehen.

Die Beeinflussung des Persönlichkeitstyps durch genetische Faktoren ist sehr eingehend von Fulker (1981) behandelt worden, doch auch hier erübrigt sich eine ausführliche Diskussion. Wie er zeigen konnte, werden die bedeutenden Persönlichkeitsdimensionen, vor allem Extraversion und

Neurotizismus, stark von genetischen Faktoren beeinflußt, und zwar zu ungefähr ⅔ der Gesamtvarianz. Im Gegensatz zur Beeinflussung der Intelligenz durch genetische Faktoren, bei der die nichtadditive genetische Variation (Dominanz, assortative Paarungsauswahl) eine entscheidende Rolle spielt, fehlen diese nichtadditiven Faktoren bei der Persönlichkeitsbestimmung ganz. Es kommt hinzu, daß die Faktoren des zwischenfamiliären Umfeldes, denen bei der Bestimmung der Intelligenz eine wohl doppelt so hohe Bedeutung zukommt wie den Faktoren des innerfamiliären Umfeldes, auf die Bestimmung der Persönlichkeit geringen oder gar keinen Einfluß zu haben scheinen. Jedenfalls besteht wohl kein Zweifel daran, daß genetische Faktoren eine maßgebliche Rolle bei der Bestimmung individueller Persönlichkeitsmerkmale spielen. Aus dieser Sicht erscheint es als durchaus plausibel, daß einige der genetischen Einflußfaktoren, die eine Beziehung zwischen Rauchen und Lungenkrebs herstellen, durch den Persönlichkeitstyp vermittelt werden. Zur Stützung dieser These bedarf es des gesicherten Nachweises einer Beziehung zwischen Persönlichkeit und Rauchen bzw. Lungenkrebs.

Persönlichkeit und Rauchen

Inzwischen liegt hinreichendes Beweismaterial zur Untermauerung der These vor, daß zwischen Persönlichkeit und Rauchen ein Zusammenhang besteht (Eysenck, 1980). Ferner wurde nachgewiesen, daß alle wesentlichen Persönlichkeitsdimensionen (Extraversion, Neurotizismus, Psychotizismus) mit dem Rauchen korrelieren. Außerdem könnten sich auch bestimmte Kausalhypothesen als zutreffend erweisen, nach denen persönlichkeitsbezogene Motivationsfaktoren zum Rauchen führen. Das vorliegende Material zu diesem Thema ist so eindeutig und aussagekräftig, daß sich eine weitere Untermauerung der These über einen Zusammenhang zwischen Rauchen und Persönlichkeit erübrigen dürfte (Eysenck 1980).

Horn und Picard (1979) konnten die besondere Rolle psychologischer Faktoren als Indikatoren für das Lungenkrebsrisiko deutlich machen. Die Autoren stellten fest, daß eine Anzahl von Persönlichkeits- und Streßvariablen mindestens ebenso aufschlußreiche Hinweise für die Lungenkrebsdiagnose lieferten wie die Raucheranamnese. Dieses Ergebnis sollte unter dem Aspekt der bereits erörterten ärztlichen Voreingenommenheit betrachtet werden. Durch diese Voreingenommenheit wird die Raucheranamnese bei Erstellen der Diagnose überbewertet, während psychologische Faktoren völlig ausgeklammert bleiben.

Persönlichkeit und Lungenkrebs

Die Beziehung zwischen Persönlichkeit und Lungenkrebs nimmt gerade innerhalb der hier behandelten konstitutionellen Hypothese einen zentralen Stellenwert ein. Sie soll deshalb ausführlicher behandelt werden als andere in Abb. 4 dargestellte Beziehungen. Es sei darauf hingewiesen, daß die angenommenen Beziehungen zwischen Persönlichkeit und Lungenkrebs (bzw. KHK) auf einem System deskriptiver Persönlichkeitserfassung basieren, das von dem in Verbindung mit der Analyse psychosomatischer Erkrankungen häufig verwendeten psychoanalytischen Modell erheblich abweicht. Die Schwierigkeiten im Umgang mit psychoanalytischen Hypothesen sind hinlänglich bekannt; sie sind nicht eindeutig definiert und daher nicht nachprüfbar. Die normalerweise verwendeten Persönlichkeitserhebungsmethoden sind meistens projektiver Art, unzuverlässig und ohne Gültigkeit.

Die hier verwendeten Persönlichkeitsdimensionen stützen sich auf die statistische Auswertung objektiven Datenmaterials aus einer Vielzahl großangelegter Studien in verschiedenen Ländern (Royce und Powell, 1983; Eysenck und Eysenck, 1985). Dieses System basiert im wesentlichen auf Korrelationsstudien: Die einzelnen Persönlichkeitsmerkmale wurden zunächst isoliert; aus der Analyse ihrer Korrelationen ermittelte man dann die Hauptpersönlichkeitsdimensionen.

Es gibt drei Hauptpersönlichkeitsdimensionen, die bei den verschiedenen Autoren unterschiedlich bezeichnet werden und hier P (Psychotizismus), E (Extraversion) und N (Neurotizismus) heißen sollen. Abb. 5, 6 und 7 zeigen, aus welchen Persönlichkeitsmerkmalen sich die drei Hauptpersönlichkeitsdimensionen zusammensetzen, für die eine positive Korrelation mit dem Rauchen nachgewiesen wurde (Eysenck, 1980).

Auch ein Zusammenhang zwischen Persönlichkeit und Krebs ist vielfach bestätigt worden. Bereits sehr früh (etwa von Galenos im 2. Jh. n. Chr.) kam man aufgrund von – aus heutiger Sicht recht unwissenschaftlichen – Beobachtungsstudien zu der Erkenntnis, daß die Entstehung von Krebs und bestimmten anderen Erkrankungen persönlichkeitsbedingt sei.

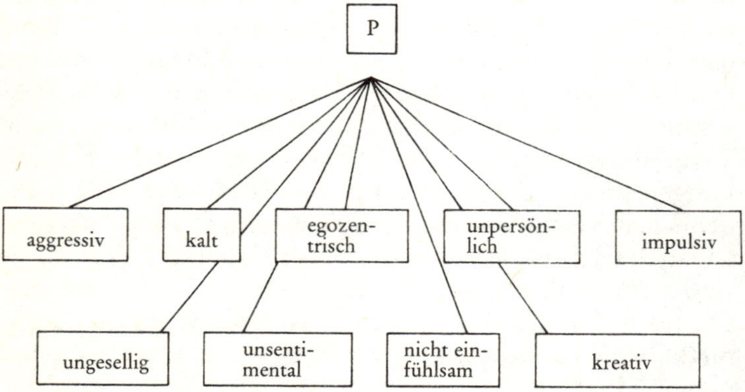

Abb. 5. Für P (Psychotizismus) charakteristische Persönlichkeitsmerkmale

Im wesentlichen besagt die Hypothese bezüglich Lungenkrebs (und möglicherweise auch hinsichtlich anderer Krebsarten), daß diese Erkrankungen eher bei Extravertierten als bei Introvertierten, eher bei Stabilen als bei Labilen oder Neurotikern und eher bei normalen Personen als bei zu Psychotizismus und Psychosen neigenden Personen auftreten. Das heißt mit anderen Worten, daß Abnormität – gleichgültig ob neurotisch oder psychotisch bedingt – in gewissem Sinne einen Schutz vor Lungenkrebs darstellt. Es mag schwerfallen, diese Ansicht zu akzeptieren; wie sich noch zeigen wird, spricht aber beträchtliches Datenmaterial dafür. Hinsichtlich koronarer Herzkrankheit weisen die Hypothesen jedoch in die entgegengesetzte Richtung. Anscheinend steht KHK eher in Beziehung mit Neurotizismus als mit Stabilität, eher mit Psychotizismus als mit normalem Verhalten und eher mit Introversion als mit Extraversion. Die verschiedenen Formen der koronaren Herzkrankheit können jedoch in jeweils unterschiedlicher Beziehung zu Extraversion bzw. Introversion stehen.

Eine andere Faktorenkopplung findet sich in den sogenannten psychosozialen Erklärungsansätzen zur Krankheitsentstehung, nämlich Streß und Persönlichkeit. LeShan (1959) zitiert ärztliche Untersuchungsberichte, die übereinstimmend auf einen Zusammenhang zwischen schweren seelischen Erschütterungen (insbesondere Kummer, seelische Depressionen, starke Angstgefühle, schwindende Hoffnung und Enttäuschung) und dem anschließenden Ausbruch der Krebserkrankung hinweisen. Neben Streßerfahrungen sind in einigen Erklärungsmodellen auch Ego-Abwehrmechanismen einbezogen. Anderen Theorien zufolge gehen Beginn und Fortschreiten bösartiger Erkrankungen mit einer allgemeinen Gefühlsunterdrückung einher (Kissen, 1963, a, b), bzw. die Betroffenen bedienten sich übermäßig häufig hemmender und verneinender Abwehrmechanismen (Bahnson und Bahnson, 1964). Ein Überblick über frühere Arbeiten zu diesen Hypothesen findet sich bei Dattore u. a. (1980). Die Autoren weisen allerdings darauf hin, daß ein großer Teil dieser Studien eher spekulativ ist und keine eindeutigen Erkenntnisse erbrachte (Brown, 1960; Abse u. a., 1974; Perria und Pierce, 1959).

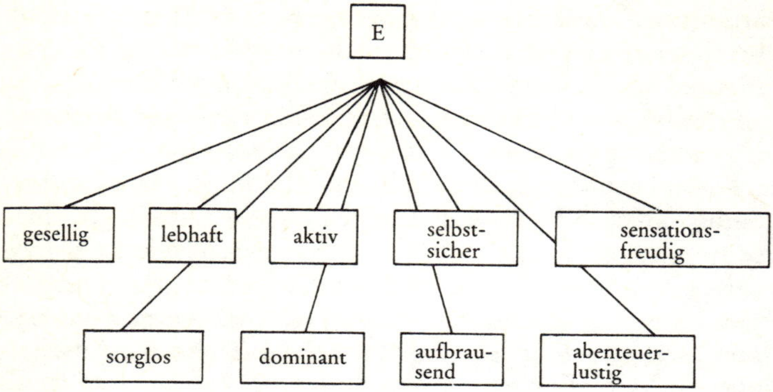

Abb. 6. Für E (Extraversion) charakteristische Persönlichkeitsmerkmale

Zu der für uns in Frage kommenden Literatur gehört eine Studie von Kissen und Eysenck (1962) mit 116 männlichen Lungenkrebspatienten und 123 Kontrollpersonen, die nicht an Krebs erkrankt waren. Beide Gruppen bestanden aus Patienten von chirurgischen und medizinischen Behandlungszentren für Lungen- bzw. Atemwegserkrankungen. Die Versuchspersonen wurden *vor* Erstellung der Diagnose getestet. Dabei zeigte die Kontrollgruppe weitaus höhere N-Werte als die Gruppe der Krebspatienten, und zwar ungeachtet etwa vorliegender psychosomatischer Krankheiten. Die Neurotizismus-Werte lagen in den Gruppen psychosomatisch Erkrankter allerdings sowohl bei Krebs- als auch Kontrollpatienten etwas höher als bei Nichtpsychosomatikern. Anhand der gemessenen Extraversionswerte ließen sich zwischen Krebspatienten und Kontrollgruppe nur dann Unterschiede feststellen, wenn *zusätzlich* psychosomatische Erkrankungen vorlagen. In diesen Fällen zeigten sich die Krebspatienten wesentlich extravertierter als die Kontrollgruppe. Kissen führte diese frühen Studien in einer Reihe weiterer Untersuchungen fort (1963 a, b, 1964 a, b, 1967, 1968, Kissen und Rowe, 1969), in denen die Theorie einer *negativen* Beziehung zwischen Krebs und Neurotizismus durch weitere Hinweise untermauert wurde. Seinen Berechnungen zufolge ist das Lungenkrebsrisiko bei Personen mit sehr niedrigen N-Werten sechsmal höher als bei Personen mit hohen N-Werten.

Ausgehend von der Studie von Kissen und Eysenck untersuchten Berndt und Mitarbeiter (1980) sehr große Patienten- und Kontrollgruppen mit Brust- bzw. Bronchialkrebs: In allen Gruppen wiesen die Krebspatienten bedeutend niedrigere Neurotizismuswerte auf als die Kontrollpersonen. Diese Ergebnisse sind im wesentlichen identisch mit denen in der Studie von Kissen und Eysenck. (Eysenck, 1981, weist allerdings auf einige statistische Fehler in Berndts Analysen hin. Daher wird empfohlen, seine Arbeit in Verbindung mit der Berndtschen Studie heranzuziehen.) Ferner sei darauf hingewiesen, daß Berndt und seine Mitarbeiter keine signifikanten Unterschiede in bezug auf Extraversion fanden.

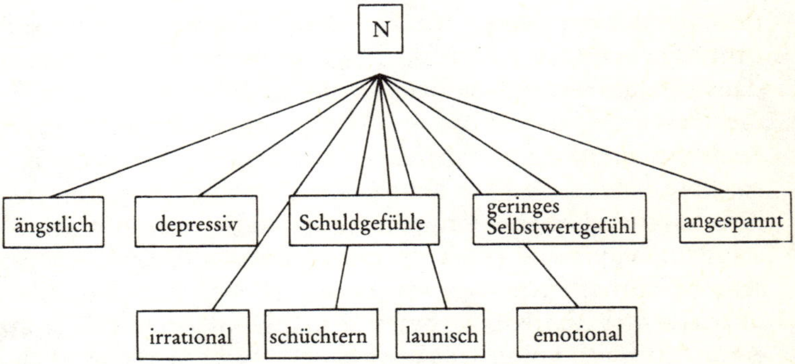

Abb. 7. Für N (Neurotizismus) charateristische Persönlichkeitsmerkmale

Hagnell (1966) stellte die Ergebnisse einer epidemiologischen Studie vor, an der 2515 Einwohner von zwei benachbarten Landgemeinden in Südschweden beteiligt waren.

Verwendet wurde ein spezielles schwedisches Persönlichkeitsmodell, das sich im Hinblick auf Extraversion als brauchbar erwiesen hatte. Im Laufe eines zehnjährigen Beobachtungszeitraumes wurde festgestellt, daß ein signifikant höherer Anteil der an Krebs erkrankten Frauen zu Beginn der Studien als extravertiert eingestuft worden war. Hagnell war nicht an Lungenkrebs speziell, sondern an vielen verschiedenen Krebsarten interessiert. Seine Erkenntnisse wurden durch die Ergebnisse einer von Coppen und Metcalfe (1963) veröffentlichten Studie bestätigt, in der man ebenfalls feststellte, daß die Gruppe der an Krebs Erkrankten (wiederum wurden mehrere verschiedene Krebsarten berücksichtigt) signifikant höhere Extraversionswerte aufwies als die beiden Kontrollgruppen. Bei den Neurotizimus-Werten ergaben sich keine signifikanten Unterschiede.

Greer und Morris (1975) berichteten von einer weiteren interessanten Wiederholung der Studie von Kissen und Eysenck, die jedoch nicht mit Lungenkrebskranken, sondern mit Brustkrebspatientinnen durchgeführt wurde. 160 Patientinnen einer Klinik für Brustkrebsbiopsie wurden mit Hilfe von ausführlich strukturierten Interviews und Standardtests untersucht, wobei sowohl die Interviews als auch die Tests am Tage vor der Eingangsuntersuchung ohne Kenntnis der Diagnose durchgeführt wurden. Der wichtigste Befund war die Feststellung eines signifikanten Zusammenhangs zwischen der diagnostizierten Brustkrebserkrankung und einer abnormen Gefühlsreaktion, die der Erwachsene als Verhaltensmuster zeit seines Lebens hatte. „Die Abnormität des Verhaltens bestand in den meisten Fällen in einer extremen Unterdrückung der Gefühle. Extreme Gefühlsäußerungen waren selten, wurden aber ebenfalls bei den Krebspatienten häufiger beobachtet als bei der Kontrollgruppe“ (Greer und Morris, S. 147). Einen Zusammenhang mit den Extraversionswerten konnten die Autoren nicht feststellen. In einer späteren Arbeit fanden Morris u. a. (1981) bei Krebspatienten im Vergleich zu der Kontrollgruppe wiederum signifikant niedrigere N-Mittelwerte (s. auch Greer, 1979).

Abse u. a. (1974) befragten 59 männliche Patienten; bei 31 von ihnen wurde später Lungenkrebs diagnostiziert. Die Ergebnisse lassen sich jedoch nur schwer zusammenfassen, weil sie ohne Verwendung der üblichen Terminologie und ziemlich ungenau beschrieben wurden. Insgesamt aber schien die Persönlichkeit von Krebspatienten von geringerer emotionaler Reaktionsfähigkeit geprägt zu sein als bei der Kontrollgruppe.

Aus einer kürzlich erschienenen Studie von Dattore u. a. (1980) ergaben sich beim Vergleich der Krebspatienten mit der Kontrollgruppe weitere positive Ergebnisse. Die Krebspatienten zeigten mehr emotionale Verdrängung, und es wurde weniger von starken Depressionen oder hysterischen Reaktionen berichtet. Diese Feststellungen stimmen mit denen von Kissen und Eysenck überein. Die Ergebnisse einer Untersuchung von Watson und Schuld (1977) weisen jedoch in eine andere Richtung, denn Unterschiede zwischen Krebspatienten und Kontrollpersonen wurden nicht festgestellt. Allerdings setzte sich die Versuchsgruppe hier aus Patienten zusammen, für die zur Zeit der Untersuchung psychiatrische Diagnosen vorlagen, so daß sie mit den von anderen Forschern untersuchten normalen Versuchsgruppen nicht vergleichbar sind. Blumberg u. a. (1954) untersuchten zwei Gruppen von Krebspatienten, die nach Alter, Intelligenz und Krankheitsstadium zusammengestellt waren. Im Anschluß an die erste Behandlung wurde der „Minnesota Multiphase Personality Inventory" (MMPI) verwendet. Zur Zeit der ersten Erhebung hatten die Patienten, die dann innerhalb der nächsten zwei Jahre starben, höhere Depressions-Werte und niedrigere Werte für neurotische Gefühlsäußerungen als die Patienten, die erst nach sechs Jahren oder später starben; auch hatten sie sehr niedrige Werte für extravertiertes Verhalten.

Blohmke u. a. (in Vorbereitung) berichten von einer anderen, großangelegten Studie, in der Lungenkrebspatientinnen mit Kontrollgruppen, die nicht an Krebs erkrankt waren, verglichen wurden. Die beiden Gruppen unterschieden sich vor allem dadurch, daß bei den Krebspatienten „kaum Anzeichen von Nervosität“ festgestellt wurden. Als weitere Merkmale folgten dann „positive soziale Anpassung“ und „fehlende externale Kontrolle“. All dies weist in die Richtung der Studie von Kissen und Eysenck. Zwei weitere Merkmale deuteten auf stärkere Extraversionswerte bei den Krebspatienten hin: Sie wiesen mehr Veränderungen in ihren Lebensumständen auf und äußerten häufiger subjektive Beschwerden.

Butler u. a. (1982) verwendeten in ihrer Studie die Cattell-16PF-Skala und kamen zu folgendem Ergebnis: „Unsere Untersuchung bestätigt die Hypothese, nach der Krebspatienten bezüglich meßbarer Persönlichkeitsmerkmale einheitlich sind und sich in ihren Persönlichkeitskorrelaten von normalen Gruppen unterscheiden. Das Datenmaterial zeigt, daß die Krebsgruppe in ihrem Durchschnittsprofil von anderen Versuchsgruppen, wie z. B. Herzpatienten oder psychosomatisch Kranken, deutlich abweicht“ (S. 20). Es ist schwer erkennbar, ob die Ergebnisse dieser Studie mit denen von Kissen und Eysenck völlig übereinstimmen, da sich die Untergruppen der 16PF-Skala in psychologischer Hinsicht schwierig interpretieren lassen (Eysenck und Eysenck, 1985). Weitere Studien, die sich nicht direkt auf die allgemeine konstitutionelle Hypothese beziehen, sind bei Eysenck (1980) zitiert, sollen hier jedoch nicht weiter erörtert werden.

Im Hinblick auf die mit der Interpretation retrospektiver Studien verbundenen Schwierigkeiten dürfte die prospektive Studie von Grossarth-Maticek u. a. besonders interessant sein. 1353 Einwohner einer jugoslawischen Stadt, von denen 619 zwischen 1966 und 1976 starben, wurden untersucht. Das Auswahlverfahren basierte auf folgendem Prinzip: Um eine Versuchsgruppe mit möglichst hoher Sterblichkeitsrate zu erhalten, wählte man aus jedem 2. Haushalt die älteste Person aus. Wurde allerdings aufgrund der Befragung bei einer anderen zum Haushalt gehörenden Person ein hohes psychosomatisches Krankheitsrisiko festgestellt, wählte man sie anstelle des Haushaltsältesten aus (25 % der Versuchspersonen wurden so bestimmt). Versuchspersonen, die todkrank waren oder die schon einmal Krebs, eine Herzkrankheit, einen Schlaganfall oder Diabetes hatten oder zum Beispiel an multipler Sklerose, chronischer Nephritis mit dekompensierender Herzinsuffizienz oder akuter Tuberkulos litten, wurden in die Studie nicht mit einbezogen.

Diese Erhebung behandelte schwerpunktmäßig den Einfluß des Rauchens und den Einfluß einer Persönlichkeitsvariablen, die mit Hilfe eines Fragebogens gemessen und von den Autoren mit „Rationalität und Anti-Emotionalität" (R/A) bezeichnet wurde. Die in Tab. 2 aufgeführten Chi^2-Werte für Rauchen und Persönlichkeit stellen das wichtigste Ergebnis dar. Bei einigen Variablen wurden drei Untergruppen gebildet, z. B. Nichtraucher, Raucher mit einem täglichen Konsum von 1 bis 20 Zigaretten oder 21 und mehr Zigaretten. Hinsichtlich der Persönlichkeitsvariablen R/A wurden die Versuchspersonen in Gruppen nach den Werten von 0,1 bis 9 bzw. 10 und höher aufgeteilt. Aus der Tabelle geht eindeutig hervor, daß der Faktor Persönlichkeit bei der Entstehung von Lungenkrebs eine erheblich größere Rolle spielt als die Rauchgewohnheiten; dies zeigt sich noch deutlicher bei anderen Krebsarten, bei Ischämie sowie beim Schlaganfall. Betrachtet man alle Todesursachen, liegen die

Tabelle 2. Persönlichkeit und Rauchen in Zusammenhang mit Todesfällen verschiedener Ursachen

Todesursache	Rauchen χ^2	Persönlichkeit χ^2
Lungenkrebs	68,8	84,1
Andere Krebsarten	10,7	211,2
Ischämische Herzkrankheit	3,4	70,4
Schlaganfall	– 5,5	39,7
Andere Ursachen	– 6,1	– 0,2
Alle Ursachen	4,9	232

Quelle: Grossarth-Maticek, R., u. a., 1985.

Persönlichkeitsmeßwerte eindeutig höher als die Werte für das Rauchen, das nur einen Signifikanzwert von 0,05 hat.

Diese Untersuchung hat bemerkenswerte Ergebnisse erbracht: Von 166 verstorbenen Krebspatienten hatten 158 einen Meßwert von 10 auf der Persönlichkeitsskala. Das gleiche gilt für alle 36 Sterbefälle durch Lungenkrebs. Bei Personen mit dem Meßwert 0 gab es dagegen überhaupt keine Sterbefälle durch Krebs, obwohl 23 zu erwarten gewesen wären. Die Autoren stellen dazu fest: „Bei den Versuchspersonen, die 10 oder 11 R/A-Fragen positiv beantworteten, war die Krebshäufigkeit ungefähr vierzigmal höher als bei denen, die durchschnittlich drei dieser Fragen positiv beantworteten."

Die Ergebnisse dieser Untersuchung sind noch eindrucksvoller als bei Kissen und Eysenck. Da es sich um eine prospektive Studie handelt, ist sie außerdem zwangsläufig weniger angreifbar als die retrospektiven Studien von Kissen. Angesichts dieser Ergebnisse sollten Persönlichkeitsvariablen in Zusammenhang mit Lungenkrebs bzw. koronarer Herzkrankheit wohl nicht länger unberücksichtigt bleiben. (Weitere relevante Arbeiten von Grossarth-Maticek und Mitarbeitern sind in der Bibliographie aufgeführt.)

In diesem Zusammenhang mag von besonderem Interesse sein, daß es Grossarth-Maticek und seinen Mitarbeitern gelang, ausgehend von den ermittelten typischen Persönlichkeitsmerkmalen der zu Krebs oder koronarer Herzkrankheit neigenden Personen, verhaltenstherapeutische Methoden zu entwickeln, die sich prophylaktisch als sehr wertvoll in Testgruppen mit Krebs- bzw. KHK-Risiko erwiesen. Das heißt mit anderen Worten: Es wurde erreicht, daß die Probanden durch eine veränderte Verhaltensweise bzw. Einschätzung ihrer Situation nicht annähernd so häufig erkrankten wie vergleichbare Kontrollgruppen.

Ferner gelang es Grossarth-Maticek mit diesen auf Persönlichkeitsbeschreibung und -diagnose basierenden verhaltenstherapeutischen Methoden, das Leben unheilbar an Krebs erkrankter Patienten so signifikant zu verlängern, wie das sonst nur mit chemotherapeutischen Mitteln möglich ist.

Eine Kombination beider Methoden erwies sich sogar als noch erfolgreicher. Eine Zusammenfassung der Ergebnisse mit ausführlicher Literaturangabe findet sich bei Eysenck (in Vorbereitung). Das vorliegende Material läßt kaum noch Zweifel an einem kausalen Zusammenhang zwischen Persönlichkeitsmerkmalen und Krankheit zu.

Es soll noch eine weitere Arbeit besprochen werden, die von großer Bedeutung für die hier untersuchte Theorie ist. Rae und McCall (1973) versuchten, anhand der Ergebnisse aus verschiedenen Ländern den Nachweis für einen Zusammenhang zwischen Krebs und Persönlichkeitsmerkmalen zu erbringen. In insgesamt acht Industrieländern wurden jeweils die Meßwerte für Extraversion und Ängstlichkeit sowie der jährliche Pro-Kopf-Zigarettenkonsum Erwachsener mit der Sterblichkeitsrate geschlechtsspezifisch für Lungenkrebs sowie für Zervixkrebs (jeweils pro 100000 der Bevölkerung) in Beziehung gesetzt.

Dann wurden Rangkorrelationen zwischen den Persönlichkeitswerten und den Krebssterblichkeitsraten der jeweiligen Länder errechnet. Es zeigte sich eine hochsignifikante Korrelation zwischen Extraversion und Lungenkrebs bei Männern (0,66) und Frauen (0,72). Entsprechende Korrelationen zwischen Zigarettenkonsum und Lungenkrebs waren bei Männern und Frauen nicht signifikant (0,07). Bei Zervixkrebs war die Korrelation mit den Extraversionswerten wiederum signifikant (0,64), beim Zigarettenkonsum (0,45) jedoch nicht.

Bei beiden Geschlechtern ergaben sich negative Korrelationen zwischen den Meßwerten für Ängstlichkeit und Lungenkrebs (−0,52 und −0,71). Diese interessante, auf internationaler Ebene durchgeführte Untersuchung untermauert die Ergebnisse von Kissen und Eysenck, wonach Lungenkrebspatienten im Vergleich zu der Kontrollgruppe durchschnittlich niedrigere N-Werte aufweisen und Extraversion mit Lungenkrebs bzw. anderen Krebsarten korreliert.

Über Psychotizimus in Zusammenhang mit Lungenkrebs liefert der Fragebogen keine Daten. Es gibt jedoch zahlreiche Hinweise auf eine negative Beziehung zwischen Krebs und einer Psychose: Nach Bahnson und Bahnson (1964 a) ist Krebs eine „Alternative zur Psychose“. Ihre Untersuchungsergebnisse (Bahnson und Bahnson, 1964 b) stützen diese Auffassung. Rassidakis u. a. (1971, 1972, 1973 a, b, c, d) haben aufgezeigt, daß das Krebsrisiko in Versuchsgruppen mit geistig gestörten Patienten, insbesondere bei Schizophrenie, relativ niedrig ist. Es wurde festgestellt, daß bei diesen Personen prozentual weit weniger Krebssterbefälle zu verzeichnen waren als in der Gesamtbevölkerung: Einer Sterblichkeitsrate von 15 % durch bösartige Neoplasien in der Gesamtbevölkerung standen 4,9 % bei den Geisteskranken gegenüber. Bei anderen Todesursachen zeigten sich keine nennenswerten Unterschiede. In England und Wales verursachten bösartige Neoplasien ungefähr 20 % der Sterbefälle gegenüber 6,9 % bei Geisteskranken. In Schottland lagen die Zahlen bei 17 % bzw. 5 % (Eysenck, 1980).

Schizophrene Patienten scheinen resistenter gegenüber Neoplasien zu sein als Patienten mit anderen psychischen Krankheiten. Eine Vielzahl weiterer Studien aus den USA, der Sowjetunion und anderen Ländern werden von Eysenck (1980) zitiert. Alle stützen die Theorie, daß Schizophrene und andere funktionell psychotisch Kranke seltener zur Entwicklung von Lungenkrebs und anderen Krebsarten neigen als nichtpsychotische Patienten und normale Personen. Bei Levi und Waxmann (1975) werden einige Erklärungsansätze dazu diskutiert, doch sind alle diese Hypothesen bis jetzt noch höchst spekulativ.

Persönlichkeit und koronare Herzkrankheit

Wenden wir uns jetzt der Beziehung zwischen Persönlichkeit und koronarer Herzkrankheit zu. Nach der hier untersuchten Hypothese haben die zu dieser Krankheit neigenden Personen eine völlig andere Persönlichkeit als potentielle Krebspatienten. Die Arbeiten von Caroline Thomas (Thomas, 1968; Thomas und Cohen, 1955; Thomas und Duszynski, 1974; Thomas und Greenstreet, 1973) liefern hierfür gesicherte Erkenntnisse. Ihre Studien beschäftigen sich sowohl mit Krebs als auch mit Herzerkrankungen. Von 1946 bis 1964 sammelte sie über 1337 Medizinstudenten der Johns Hopkins University Datenmaterial hinsichtlich Gesundheitszustand, psychologische Profile und Familienanamnesen. Die Studenten wurden bis 1974 kontinuierlich beobachtet. Innerhalb dieser Zeit erkrankten 43 Versuchspersonen an Krebs, 14 erlitten einen Herzanfall. Aus der Studie ging hervor, daß ruhige, friedfertige und emotional beherrschte Studenten zu Krebserkrankungen neigten. Die Meßwerte für Angst, Ärger und Depression waren niedrig. Dies entspricht weitgehend den Befunden von Kissen und Eysenck. Herzkranke wiesen dagegen höhere Meßwerte für Depression, Angst und nervöse Spannung auf. Sie neigten zu Schlaflosigkeit und waren morgens häufig müde. Diese noch nicht abgeschlossene Untersuchung (Thomas, 1976) liefert ausgezeichnete Hinweise auf einen Zusammenhang zwischen Persönlichkeit und Krankheit, wenngleich einige der verwendeten Tests (wie z. B. der Rohrschach-Test) von geringer Gültigkeit und Zuverlässigkeit sind. Ansonsten stützen sich die Schlußfolgerungen auf gesicherte Erkenntnisse (Thomas und Greenstreet, 1973; Thomas und Duszynski, 1974). Wichtig ist in diesem Zusammenhang auch, daß sich nach Thomas u. a. (1955) Angst als die wichtigste Variable in einer Diskriminanzanalyse erwies, die auf der KHK-Anamnese der Eltern basierte. Dies stimmt mit Ergebnissen von Thomas (1968) überein. Frühere Untersuchungen von Dunbar (1943), Miles u. a. (1954) sowie Ostfeld u. a. (1964) lieferten ebenfalls Hinweise, daß Angst maßgeblich an der Entwicklung der koronaren Herzkrankheit beteiligt ist.

Neuere Studien von Blumenthal u. a. (1979), Rime und Bonami (1979) und Pleszweski (1977) erbrachten Hinweise auf Zusammenhänge zwischen Persönlichkeit und koronarer Herzkrankheit, wie schon vor vielen Jahren von Osler (1910) vermutet wurde. Hinzu kommen hohe Meßwerte für Feindseligkeit (Barefoot u. a., 1983, und Williams u. a., 1984). Da Feindseligkeit ein Faktor der P-Skala ist, liegen recht eindeutige Hinweise für P und N vor. Einerseits gab es positive Korrelationen mit der koronaren Herzkrankheit und andererseits negative Korrelationen mit Lungenkrebs.

Weniger klar ist die Beziehung zwischen Erkrankung und Extraversion/Introversion: Van Dijl (1979) und andere Autoren vermuten eine Korrelation zwischen Myokardinfarkt und Geselligkeit, d. h. Extraversion; zu ähnlichen Ergebnissen kommen Bendien und Groen (1963). In weiteren Studien zur koronaren Herzkrankheit wird die Ansicht vertreten, daß dieses Ergebnis nur für den Myokardinfarkt gilt, während Angina pectoris, Hypertonie und Tachykardie eher mit Introversion in Verbindung gebracht werden. Alle diese Formen der koronaren Herzkrankheit stehen allerdings in positivem Zusammenhang mit Neurotizismus. Floderus (1974) liefert eine Übersicht der bisherigen Erkenntnisse unter Verwendung von Originaldatenmaterial.

Schließlich soll noch die bekannte Hypothese diskutiert werden, wonach ein Zusammenhang zwischen dem Typ-A-Verhalten (Rosenman und Chesney, 1980) und koronarer Herzkrankheit besteht. Die sehr umfangreiche Literatur zu diesem Thema wurde von Steptoe (1981) und Price (1982) erörtert und soll hier nicht weiter besprochen werden. Der Grund dafür liegt vor allem darin, daß – wie inzwischen nachgewiesen werden konnte (s. Eysenck und Fulker, 1983) – das Typ-A-Verhalten eigentlich eine Verbindung aus Neurotizismus und Extraversion darstellt, wobei N überwiegt. Soweit tatsächlich eine Beziehung zwischen koronarer Herzkrankheit und dem Typ-A-Verhalten besteht, stützen die Ergebnisse bezüglich des Typ-A-Verhaltens lediglich die Hinweise auf einen Zusammenhang zwischen koronarer Herzkrankheit und Neurotizismus und womöglich auch Extraversion.

Eine von Myrtek (1983) veröffentlichte experimentelle Studie sowie eine Literaturübersicht über Theorien und Untersuchungen zum Typ-A-Verhalten bestätigen unsere Auffassung hinsichtlich dieser Typologie. Er stellt fest, daß sich Rückschlüsse aus der Typ-A-Theorie nicht bestätigen lassen, und zwar ungeachtet der verwendeten Erhebungsmethode (Interview oder Fragebogen). Nach Myrteks Ansicht verliert diese Theorie allmählich an Bedeutung und stellt ohnehin kaum mehr als einen Rückgriff auf die alte Theorie über Vagotonie und Sympathicotonie von Eppinger und Hess dar (Eppinger, 1917). Diese Theorie, so glaubt Myrtek, könne für die empirische Forschung nützlicher sein als die modifizierte Typ-A-Version. Zu Recht kritisiert er die Anhänger dieser Typologie, weil sie positive Ergebnisse hervorheben, ohne die zahlreichen negativen Befunde zu berücksichtigen. Es muß allerdings gesagt werden, daß diese Theorie sich als sehr nützlich erwiesen hat, weil die Ärzteschaft davon überzeugt werden konnte, daß psychologische Faktoren bei der Entstehung der koronaren Herzkrankheit von Bedeutung sein könnten. Nach dieser erfolgreichen Aufklärung sollte man sich aber nun von einer erwiesenermaßen fehlerhaften Theorie distanzieren, um einen besser fundierten theoretischen Ansatz zu entwickeln.

Natürlich ist diese Literatur über die Beziehung zwischen Persönlichkeit und Krankheit zu umfangreich für eine einfache Zusammenfassung. In den einzelnen Studien wurden unterschiedliche Populationen untersucht, wobei unterschiedliche Meßsysteme und Erfassungsmethoden verwendet wurden. Selten sind die Ergebnisse direkt vergleichbar, und die in einer Altersgruppe gefundenen Unterschiede lassen sich nicht unbedingt auf andere Altersgruppen übertragen. Noch nicht ausreichend geklärt ist ferner, ob es jeweils einen ganz bestimmten Persönlichkeitstyp gibt, der zu Krebs bzw. zur koronaren Herzkrankheit neigt, oder aber ob verschiedene Persönlichkeitstypen jeweils mit bestimmten Krebsarten bzw. Formen koronarer Herzkrankheit in Beziehung stehen.

Auf diesem Gebiet bleibt sicherlich noch viel zu tun. Aufgrund des bisher vorliegenden umfangreichen Forschungsmaterials verstärkt sich allerdings der Eindruck, daß eindeutige Beziehungen zwischen Persönlichkeitstyp und Krankheit existieren, daß sie jedoch für die Entwicklung von Krebs bzw. der koronaren Herzkrankheit in entgegengesetzte Richtungen weisen. Bei dem gegenwärtigen Stand der Forschung wäre es nicht ratsam, weitergehende Schlüsse zu ziehen (Eysenck, in Vorbereitung).

Wenden wir uns nun der Beziehung zwischen Streß und Rauchen bzw. Lungenkrebs zu: Es gibt viele Hinweise dafür (Eysenck, 1973, 1980), daß oft aus Langeweile oder Streß geraucht wird. Während Nikotin in kleinen Mengen die kortikale Aktivität anregt und Gefühle der Langeweile aufhebt, hat es in größeren Mengen eine dämpfende Wirkung und verringert streßbedingte Spannungen und Nervosität.

Streß und Krankheit

Die Beziehung zwischen Streß und Krankheit – hier Lungenkrebs bzw. koronare Herzkrankheit – ist im Rahmen diverser Untersuchungen über psychosomatische Erkrankungen behandelt worden (Cooper, 1983; Cooper und Payne, 1980; Dohrenwend und Dohrenwend, 1974, 1981; Eliot, 1974; Society for Psychosomatic Research, 1959; Tache u. a., 1979). Methoden und Ergebnisse dieser Untersuchungen sind jedoch heftig kritisiert worden (Kasl, 1983; Miller, 1981; Schroeder und Costa). Ungeachtet der Vielzahl von Untersuchungen sind die Zweifel hinsichtlich kausaler Mechanismen keineswegs ausgeräumt (s. Borysenko und Borysenko, 1982; Frankenhaeuser, 1980; Gray u. a., 1981; Locke, 1982; Sterling und Eyer, 1981; Williams, 1983). Andere Autoren untersuchten die Beziehung zwischen Streß und Persönlichkeitstyp (Duckitt und Broll, 1982; Linn u. a., 1981) und stellten fest, daß Extravertierte plötzliche Veränderungen ihrer Lebensumstände besser verkraften als Introvertierte. Ferner wirkte sich Nervosität bei beiden Persönlichkeitstypen unterschiedlich aus.

Die Beziehung zwischen Streß und Krebs wurde in neueren Arbeiten kritisch untersucht (Bammer und Newberry, 1981; Sklar und Anisman, 1981). DeChambre (1981) weist in seiner Studie auf eine Beteiligung des Immunsystems hin: Wenn die Immunabwehr gegen Tumorzellen durch psychosozialen Druck geschwächt ist, wird eine geringere Zahl von

Tumorzellen zerstört. Zu ähnlichen Ergebnissen kommen auch Riley u. a. (1981) in ihren Studien über psychoneuroimmunologische Faktoren bei Neoplasien. Zusammenfassend stellen sie fest: „Einige biologische Folgen gefühls- und angstbedingter Streßzustände haben einen schädigenden Einfluß auf definierbare Elemente im Immunsystem der Maus" (S. 183, s. a. Fox und Newberry, 1984).

Durch eine Überprüfung des Datenmaterials zeigt Bammer (1981), daß Streß zu erhöhter Metastasenbildung beim Tier führen kann. Einiges spricht dafür, daß dies auch für den Menschen gilt. Einerseits kann das durch physische Wirkung von Stressoren geschehen, andererseits durch eine streßbedingte Beeinträchtigung des Immunsystems. Allerdings gibt es viele widersprüchliche Ergebnisse. So kommen Sklar und Anisman (1979, 1981) im Rahmen ihrer Untersuchung des vorliegenden Materials zu folgendem Ergebnis: „Obwohl im Tierversuch vielfach nachgewiesen wurde, daß Tumorsysteme auf Streß reagieren, wurde in den Studien eine solche Vielfalt von Methoden angewendet, daß sich nur schwer allgemeingültige Schlußfolgerungen ziehen lassen. Wir meinen, daß die Unterschiedlichkeit der Ergebnisse über eine Beziehung zwischen Streß und Krebs bei Tieren zu einem Großteil auf unterschiedliche Stressoren sowie Umwelteinflüsse in den verschiedenen Studien zurückgeführt werden kann" (1981, S. 403).

Hinsichtlich der Krebsentstehung beim Menschen konnte in retrospektiven Studien gezeigt werden, daß dem Auftreten verschiedener Neoplasien häufig streßauslösende Ereignisse im Leben der Patienten vorausgegangen waren (Bahnson und Bahnson, 1964 a, b; Greene, 1966; Horne und Picard, 1979; Jacobs und Charles, 1980). In ihrer Studie über Leukämie bei eineiigen Zwillingen, von denen jeweils nur ein Zwilling erkrankt war, gelang es Green und Swisher (1969), genetische Faktoren auszuschließen. Sie stellten fest, daß psychologischer Streß eine bedeutende Rolle bei der Pathogenese dieser Krankheit spielte. Die Arbeiten von Bloom u. a. (1978) und Fox (1978) geben einen guten Überblick über die relevante Literatur. Einer der am häufigsten untersuchten Stressoren ist der Verlust des Ehepartners. Auch hierzu gibt es eine Reihe von Arbeiten (Bloom u. a., 1978; Greene, 1966; LeShan, 1966; Lombard und Potter, 1950; Ernster u. a., 1979), die eine erhöhte Krebshäufigkeit bei den Betroffenen zeigen. Natürlich sind retrospektive Studien mit beträchtlichen Schwierigkeiten verbunden (Fox, 1974; Sklar und Anisman, 1981), doch zeigen die Ergebnisse eine bemerkenswerte Übereinstimmung hinsichtlich der Bedeutung von Streß als Krebsursache.

Angesichts dieser Erkenntnisse erscheint die negative Beziehung zwischen Neurotizismus bzw. Psychotizismus einerseits und Lungenkrebs andererseits als paradox. Emotionale Instabilität und Neurotizismus und mehr noch Psychotizismus und psychotischer Zusammenbruch stellen mit Sicherheit eine Streßbelastung des Organismus dar, so daß eigentlich zu erwarten wäre, daß sie nicht negativ, sondern positiv mit Lungenkrebs korrelieren. Das Paradox läßt sich, wie Eysenck (1983 a, b; 1984) vermutet, vielleicht mit dem Unterschied zwischen *akutem* und *chronischem* Streß erklären. Es besteht Grund zu der Annahme, daß diese unterschiedlichen Streßarten entgegengesetzte Wirkungen beim Auftreten der Krebserkrankung haben (Sklar und Anisman, 1981).

> Von einer verstärkten Tumorbildung wurde gewöhnlich in Studien berichtet, in denen akuter, unkontrollierbarer psychischer Streß, chronischer sozialer Streß oder streßfördernde Wohnbedingungen untersucht wurden. Chronischer, unkontrollierbarer physischer Streß ging eher mit einer Tumorbildung einher. Es gibt eine deutliche Übereinstimmung zwischen neurochemischen Reaktionen des Gehirns auf Streß und der Krebsentwicklung unter Streßeinwirkung. Durch Streß werden Synthese und Verbrauch von Verbindungen wie Norepinephrine erhöht. Wenn die Synthese mit dem Verbrauch Schritt hält, kommt es zu einer Verarmung an solchen Substanzen im Gehirn. Es konnte gezeigt werden, daß die neurochemische Aktivität des Gehirns bei der Krebsentwicklung ähnlich reagiert, und zwar auf akuten bzw. chronischen Streß, auf die Verfügbarkeit von „Coping Responses" und in einigen Fällen auch auf die sozialen Bedingungen. (S. 404)

Die Autoren fanden Anhaltspunkte für Veränderungen in der Wirkung des Immunsystems unter Streßeinfluß, die mit den neurochemischen, hormonellen und das Tumorwachstum beeinflussenden Wirkungen übereinstimmen. Die vom Streß betroffenen neuralen Systeme sind auch an der Hormonausschüttung und an Immunreaktionen beteiligt. Es erscheint daher vorstellbar, daß eine durch psychische Krankheit oder emotionale Instabilität hervorgerufene chronische Streßbelastung eher eine *präventive* als eine *auslösende* Wirkung bei Lungenkrebs hat. Dadurch lassen sich die scheinbar paradoxen Ergebnisse doch erklären.

Eysenck (1984) gibt eine Zusammenfassung der Untersuchungen speziell über die hemmende Wirkung von chronischem Streß. Die Ergebnisse sprechen nicht nur für eine hemmende Wirkung von chronischem Streß bei der Tumorentstehung, sondern scheinbar auch bei der Metastasenbildung, während akuter Streß sie begünstigt.

Diese „Inokulationshypothese" (Eysenck, 1983 b) erklärt jedoch nicht den Zusammenhang zwischen Extraversion und Lungenkrebs (und möglicherweise auch anderen Krebsarten). Die Tatsache, daß die Immunreaktion nach Pawlow konditioniert werden kann, mag hier weitere Aufschlüsse geben (Ader, 1981; Ader und Cohen, 1975; Rogers u. a., 1976; Wayner u. a., 1978; Cohen u. a., 1979). In diesen Konditionierungsstudien wurde das Geschmacksaversionsmuster verwendet (Garcia u. a., 1974; Riley und Clarke, 1977). Bovbjerg u. a. (1982) erweiterten diese Experimente durch Untersuchungen von Reaktionen auf zellulärer Ebene, um nachzuweisen, daß die Konditionierung maßgeblich an der Manipulation der Immunreaktion beteiligt ist.

Alle diese Studien zeigen, daß die Immunreaktion durch die Pawlowsche Konditionierung einerseits *unterdrückt*, andererseits aber auch auf ähnliche Weise *verstärkt* werden kann. Im täglichen Leben ist eine Hemmung der Immunreaktion viel wahrscheinlicher als deren Verstärkung, womöglich aufgrund chronischer Streßwirkung, wie bereits ausgeführt. Wenn das zutrifft, wären Introvertierte, die viel schneller und stärker konditionierte Reaktionen ausbilden als Extravertierte (Eysenck, 1967, 1981 a), dadurch begünstigt und würden wahrscheinlich viel eher eine verstärkte Immunreaktion erwerben. Die größere Tumoranfälligkeit von Extravertierten könnte auf ihr Unvermögen zurückzuführen sein, konditionierte Immunreaktionen ebenso regelmäßig und stark zu entwickeln wie Introvertierte. Dies würde den beobachteten Zusammenhang zwischen Krebs und Extraversion erklären.

Es sei angemerkt, daß die angenommenen Konditionierungseffekte vielleicht auch bei der negativen Korrelation zwischen Neurotizismus und Lungenkrebs eine Rolle spielen. Unter ganz bestimmten Bedingungen fördern starke Gefühlsregungen den Konditionierungsprozeß. Ängstlichkeit und Neurotizismus können folglich positiv mit der Konditionierung korrelieren (Spence und Spence, 1966). Aus diesem Grunde kann der Konditionierungsmechanismus bei Personen mit hohen N-Werten eine bessere Konditionierung der Immunreaktion bewirken, insbesondere wenn man bedenkt, daß die starke Emotionsentwicklung, die eine Voraussetzung für diese Wirkung ist, mit größerer Wahrscheinlichkeit in umweltbedingten Streßsituationen auftritt.

Die Rolle der Neuropeptide

Man kann sicherlich eine grundlegende und detaillierte Theorie zur Erklärung der Beziehung zwischen Persönlichkeit und Krebs sowie der Bedeutung von Streß bei der Eindämmung der Krebsentwicklung bzw. als Schutz gegen Krebs aufstellen.* Die psychologischen, neuroendokrinologischen und immunologischen Systeme sind bei der Abwehrreaktion eng verflochten. Schwankungen in der Immunreaktion können durch Neuropeptide beeinflußt werden, wie neuerdings nachgewiesen wurde; eine vollständige

* Der entsprechende theoretische Ansatz wurde vom Autor in Zusammenarbeit mit Dr. M. Kelly entwickelt, dem an dieser Stelle für seine Unterstützung besonders gedankt sei.

Erklärung fehlt aber noch (Fox und Newberry, 1984). Die gegenwärtige Arbeitshypothese lautet, daß *die Neuropeptide, die eine Veränderung der Immunitätsstärke herbeiführen, auch Neurotizismus und Introversion beeinflussen können.*

Besonders charakteristisch für den Neurotizismus ist seine Persistenz. Vom lerntheoretischen Standpunkt her nutzen Neurotiker verstärkende Möglichkeiten nicht, d. h., sie ändern ihr neurotisches Verhalten nur sehr langsam, selbst wenn es keine weitere Verstärkung mehr erfährt (Eysenck, 1982). Obwohl beispielsweise vieles dafür spricht, daß Phobien aus einer konditionierenden Erfahrung entstehen (Ost und Hugdahl, 1983), und obwohl damit die assoziative Selektivität bei Phobien für ganz bestimmte Phobienauslöser erklärt werden kann (Ohmann u. a., 1975, 1976), ist es unverständlich, warum Phobiker ihre Ängste nach alltäglichen, nichtverstärkenden Begegnungen mit Phobieauslösern nicht spontan abstellen. Diese nur sehr langsame Abschwächung phobischer Reizauslöser und die mögliche Erhöhung ihrer Erregungsstärke bei isoliertem Auftreten wurden von Eysenck (1979) „Inkubation der Angst" genannt.

Individuelle Unterschiede im neuroendokrinen System sind unter Umständen von maßgeblicher Bedeutung für das Auftreten von Inkubationswirkungen. Bei Tieren löst das adrenokortikotrope Hormon (ACTH) zuverlässig eine beachtliche Bremswirkung auf diesen Verlernungsprozeß aus, die weder artspezifisch noch Folge eines bestimmten Abrichtungsprogrammes ist. Darüber hinaus tritt diese Wirkung dosisabhängig nach endogenem bzw. exogenem ACTH-Anstieg auf und ist nicht auf trophische Eigenschaften zurückzuführen (de Wied und Jolles, 1982). Wie experimentell nachgewiesen wurde, bewirken diese angstauslösenden Eigenschaften des ACTH (Britton und Britton, 1981; Britton u. a., 1982) den Inkubationsprozeß. Bei nichtverstärkter Exposition mit angstauslösenden Reizen und gleichzeitig hohen ACTH-Konzentrationen wird das Verlernen nicht nur verzögert, sondern es kann auch zu einem hohen, ständigen Anstieg der Erregungsstärke kommen

(Concannon u. a., 1980 a, b; Bohus, 1974). Die entgegengesetzte Wirkung (Beschleunigung des Verlernungsprozesses) tritt nach Injektion von Kortikosteron ein (Bohus u. a., 1982).

In der humanmedizinischen Literatur gibt es ernstzunehmende Hinweise, daß sich die Fortdauer von mit Angstgefühlen verbundenen Krankheiten durch die Wirkung der Neuropeptide erklären läßt. Zwischen Plasmakonzentrationen von Beta-Endorphin und ACTH besteht eine perfekte Kovarianz (Jaquet, 1978). Außerdem korrelieren die Liquorkonzentrationen der Endorphine stark mit den Neurotizismuswerten (0,67), die mit dem Persönlichkeitsfragebogen von Eysenck gemessen wurden (Post u. a., 1984). Ein wichtiger negativer Rückkopplungsmechanismus zur Regulierung einer übermäßigen ACTH-Ausschüttung ist der Anstieg des Kortisolspiegels (Jones u. a., 1982). Es ist daher besonders interessant, daß es bei Phobikern nicht zu einem Plasmakortisolanstieg kommt, wenn bei ihnen durch eine zwangsweise In-vivo-Exposition mit dem jeweils angstauslösenden Reizobjekt gezielte Angstzustände hervorgerufen werden (Curtis u. a., 1976, 1978). Erhöhte ACTH-Konzentrationen ohne gleichzeitigen Kortisolanstieg sind physiologisch möglich. Es gibt inzwischen genügend physiologisches Datenmaterial, um die klassische Hypothese, nach der erhöhte ACTH- und Kortisolspiegel zwangsläufig eng gekoppelt sind, in Frage zu stellen (Fehm u. a., 1984). Auch eine Beteiligung von ACTH an zwangsneurotischen Krankheiten wird vermutet. Nachdem bei einer neueren Studie zwei Zwangsneurotikern Infusionen mit Naloxon (einem Opiatantagonisten) verabreicht worden waren, verschlimmerte sich ihr Zustand (Insel und Pickar, 1983). Da Medikamente, die eine opiatbedingte Analgesie hervorrufen, eine hemmende Wirkung auf die anregenden Eigenschaften von ACTH ausüben, Naloxon allerdings diese anregenden Eigenschaften noch steigert (Volavka u. a., 1983; Taylor u. a., 1983; Smock und Fields, 1981), läßt diese Pilotstudie wiederum vermuten, daß ACTH eine wichtige Rolle bei der Beständigkeit neurotischer Verhaltensweisen spielt.

Die übermäßige Sekretion von ACTH bei Depressionen

wurde durch neuere Dexamethason-Resistenz-Studien hinreichend belegt (Yerevanian u. a., 1983; Kalin u. a., 1982; Reus u. a., 1982). Anders als bei den von Curtis untersuchten Phobikern konnte bei depressiven Patienten aber häufig eine gleichzeitig erhöhte Kortisolsekretion festgestellt werden. Da erhöhte Kortikosteroidwerte häufig mit einer Immunsuppression korrelieren, könnte dies eine Erklärung dafür sein, daß nicht alle Studien einen positiven Zusammenhang zwischen Krebsimmunität und Neurotizismuswerten zu zeigen vermochten. Möglicherweise waren in den verschiedenen Studien neurotische Patienten mit entweder gleichzeitig hohen ACTH- und Kortisolwerten oder aber hohen ACTH-Werten und niedrigem Kortisolspiegel unterschiedlich vertreten. So könnte der bei Depressiven beobachtete Hyperkortisolismus als Erklärung für den häufig festgestellten Zusammenhang zwischen dem Verlust einer wichtigen Bezugsperson und der Immunsuppression dienen (Jemmott und Locke, 1984; Sklar und Anisman, 1984). Das erklärt auch den starken Zusammenhang zwischen Hoffnungslosigkeit und Krebs in der Jugoslawien-Studie von Grossarth-Maticek (in Vorbereitung).

Bisher wurde ein Zusammenhang zwischen Neuropeptiden und bestimmten neurotischen Verhaltensweisen sowie zwischen neurotischem Verhalten und der Immunverstärkung vermutet. Interessant ist nun die Frage, ob sich eine ähnliche Beziehung zwischen der Immunität gegen Krebs und den gleichen Neuropeptiden nachweisen läßt. In einigen Studien wird berichtet, daß ACTH und die endogenen Opiate die Immunreaktion verstärken; doch es gibt auch andere Ergebnisse (Greenberg u. a., 1984). Die unmittelbare Wirkung dieser Peptide (und anderer Hypophysenhormone) muß (und kann) experimentell von ihren trophischen Eigenschaften getrennt werden (de Wied u. a., 1984). Es ist eine Voraussetzung der vorliegenden Studie, daß solche einfachen Wirkungen und widersprüchlichen Ergebnisse nur in einem größeren Interaktionskontext mit anderen Prozessen und Faktoren wie z. B. individuellen Persönlichkeitsmerkmalen zu verstehen sind.

Die Wirkungen von Konzentrationsänderungen dieser Peptide überschneiden sich ohne Zweifel auch mit der komplexen Beziehung zwischen Streß und Krebs. So wurde beispielsweise in der Literatur zur Psychoimmunologie gezeigt, daß eine akute Streßwirkung beim Tier durch unentrinnbaren Schock die Widerstandsfähigkeit gegen die Krebserkrankung senkt. Diese Immunsuppression kann jedoch aufgehoben werden, wenn die Streßwirkung länger andauert (Sklar und Anisman, 1979; Monjan und Collector, 1977). Da nachgewiesen wurde, daß bei diesen Reaktionen auf akuten Streß endogene Opiate beteiligt sind (McLennan u. a., 1982), erklärt sich die Wirkung von lang anhaltendem Streß möglicherweise aus der Entwicklung einer Toleranz gegenüber endogenen Opiaten. Es gibt gesicherte Hinweise auf eine solche Toleranz (Christie und Chresher, 1982; Christie u. a., 1982). Eine mögliche Folge ist ein Hypokortisolismus bei gleichzeitig streßbedingt erhöhten ACTH-Konzentrationen. Wie in neueren Untersuchungen gezeigt werden konnte, kam es in einer Gruppe gesunder Probanden nach ACTH-Infusionen (1–24) zu dem vermuteten Kortisolanstieg, während diese Wirkung in einer Gruppe methadonabhängiger Personen ausblieb (Dackis u. a., 1982; Pullman u. a., 1983). Es gibt also durchaus empirische Befunde zur Stützung der Hypothese einer Toleranz gegenüber endogenen Opiaten und Hypokortisolismus. Physiologisch könnte dies mit einer Unterdrückung der ACTH-Produktion durch endogene Opiate und nachfolgender Atrophie der Nebenniere erklärt werden. Mit dieser Hypothese stimmt der Befund überein, daß bei Heroinabhängigen unter kontrollierten Ernährungsbedingungen verstärkte Immunreaktionen auftreten (Heathcote und Taylor, 1981).

Es gibt gute Gründe für die Annahme, daß neuropeptide Bruchstücke des Hypophysenhormons unter Umständen eine immunverstärkende Wirkung ausüben. Andererseits spricht einiges dafür, daß diese Verstärkung nur im Zusammenwirken mit individuellen Persönlichkeitsmerkmalen eintritt. Zur Veranschaulichung sei hier die Studie von Franklin und Broadhurst (1979) genannt: Bei Ratten, die akutem Streß durch unentrinnbaren Schock ausgesetzt waren, zeigte sich eine Wechselwirkung zwischen dem resultierenden Verhalten und dem Genotyp des jeweiligen Tieres. In einem ähnlichen Experiment zur erlernten Hilflosigkeit beim Menschen fand Tiggemann (1982) ein Zusammenwirken mit der Intro/Extraversions-Dimension der Persönlichkeit. Wie Breier u. a. (1979) feststellten, bestimmen Unterschiede in dieser Persönlichkeitsdimension, ob ACTH (4–10) in einer Streßsituation eine anregende oder hemmende Wirkung auf die Herzfrequenz ausübt. Nach Verabreichung von Naloxon empfanden schmerzunempfindliche Personen Schocks als schmerzvoller, während schmerzempfindliche Personen berichteten, daß die Schocks in diesem Fall weniger schmerzvoll gewesen seien (Almond, 1977).

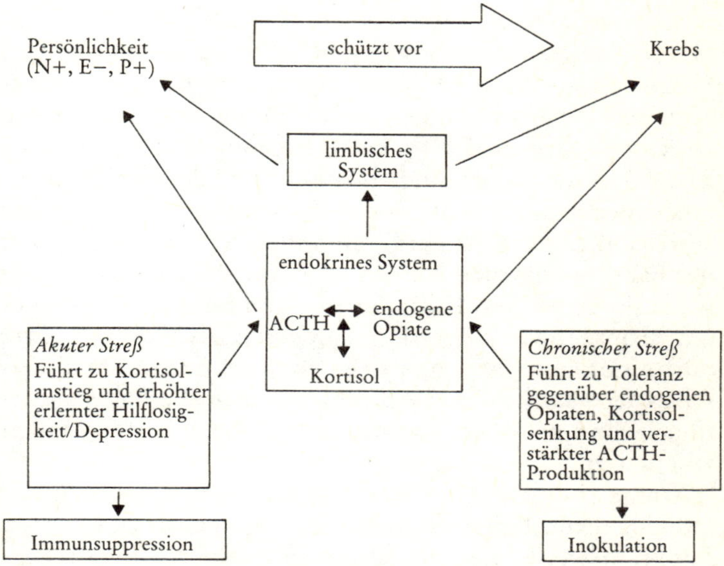

Abb. 8. Beziehungen zwischen Persönlichkeit und Krebs sowie mögliche Beteiligung von Streß und des endokrinen Systems

Bei der Untersuchung der direkten Wirkung von Peptiden bzw. anderen Faktoren, die zu einer Immunverstärkung führen, dürfte sich also zeigen, daß individuelle Persönlichkeitsmerkmale wie auch genetische Faktoren eine wichtige Rolle spielen (Eysenck, 1980; 1983 b; Barchas und Sullivan, 1982; Horwitz und Dubek, 1983). Abb. 8 gibt den Aufbau dieses Modells wieder.

Die in diesem Modell vermutete Bedeutung der Toleranz gegenüber Opiaten dürfte mit den zunehmenden Erkenntnissen über eine Beteiligung potenter Faktoren assoziativen Lernens bei der Entwicklung der Toleranz in Einklang stehen (Shapiro u. a., 1983; O'Brien u. a., 1977; Walter und Riccio, 1983). Es spricht vieles dafür, daß alle Gesetze des assoziativen Lernens für dieses Phänomen Gültigkeit haben (Macintosh, 1974). Ohne Zweifel werden die hieran beteiligten Lernvorgänge auch biologischen Kontrollmechanismen unterworfen sein (Shettleworth, 1972; LoLordo, 1979; Hinde und Stevenson-Hinde, 1973; Seligman und Hager, 1972). Die konditionierte Immunmodulation, die hier nachgewiesen werden konnte, ist relativ gering und unbeständig (Ader und Cohen, 1981). Diese Ergebnisse erinnern ohne Zweifel an die frühen Studien zum Vermeidenskonditionieren, in denen noch nicht erkannt wurde, daß die beschränkte Wirksamkeit der Abwehrkonditionierung auch im Kontext der Faktoren gesehen werden muß, die das Abwehrverhalten auslösen (Bolles, 1970; Grossen und Kelley, 1972; Bolles und Fansellow, 1980). Ein solcher analytischer Ansatz dürfte sich besonders dafür eignen, die Interaktionen zwischen den verschiedenen Abwehrsystemen (Verhaltensreaktionen, Immunsystem und neuro-endokrine Mechanismen) zu erklären.

Wenn assoziative Toleranzen im Zusammenwirken mit individuellen Unterschieden in der neuro-endokrinen Funktionsweise bzw. der unmittelbaren Verhaltenskonditionierung die Entwicklung verschiedener neurotischer Erkrankungsformen sowie die damit verbundenen Veränderungen der Immunität erklären könnten, ist vielleicht die Entwicklung einer neuroverhaltensbezogenen Inokulation gegen Krebs denkbar. Erfolge in der Verhaltenstherapie der letzten 20 Jahre geben berechtigten Anlaß zu dieser Hoffnung. Bei Grossarth-Maticek u. a. (1982 b) finden sich eindrucksvolle Hinweise auf den möglichen Nutzen der Verhaltenstherapie in der Krebsbehandlung.

Tabelle 3. Heidelberger Prospektivstudie

		Todesursachen		
	Lebend	Risikofaktoren	Andere	Gesamt
Krebsrisikogruppe				
Kontrollgruppe	25	12	9	46
Therapiegruppe	40	0	5	45
Gesamt	65	12	14	91
CHD-Risikogruppe				
Kontrollgruppe	20	14	5	39
Therapiegruppe	34	3	6	43
Gesamt	54	17	11	82

Quelle: Grossarth-Maticek u. a., Psychosomatische Faktoren im Verlaufe der Kanzerogenese: Die Heidelberger Prospektive Studie. Vortrag anläßlich des Weltkongresses for Psychosomatische Medizin im Hamburg. Unveröffentlichter Bericht, 1983

Tabelle 3 gibt die Ergebnisse der Heidelberger Prospektivstudie von Grossarth-Maticek wieder. Bei 91 Personen mit hohem Krebsrisiko sowie bei 82 Personen mit hohem KHK-Risiko – nach dem Zufallsprinzip unterteilt in Kontroll- und Therapiegruppen – wurde eine prophylaktische Verhaltenstherapie angewendet. Die Therapie zielte auf Persönlichkeits- und Verhaltensänderungen ab, die im Zusammenhang mit der Krebserkrankung bzw. der koronaren Herzkrankheit als relevant angesehen wurden. Die Ergebnisse dieses therapeutischen Vorgehens waren hochsignifikant.

Ähnlich positive Ergebnisse wurden bei unheilbar kranken Brustkrebspatientinnen erzielt, bei denen die Verhaltenstherapie als lebensverlängernde Behandlung angewendet wurde. Die Verhaltenstherapie erwies sich in ihrer lebensverlängernden Wirkung als ebenso erfolgreich wie die Chemotherapie. In kombinierter Anwendung wurden sogar noch bessere Ergebnisse erzielt. Deutlich geringer war der Erfolg, wenn keine von beiden Therapien verwendet wurde. Kombiniert war die Wirkung beider Methoden größer als eine einfache Addition der einzelnen therapeutischen Wirkungen.

Zusammenfassend läßt sich sagen, daß anhaltender Streß einerseits zu einer erhöhten Immunität gegen Krebs führt, andererseits aber die Anfälligkeit gegenüber bestimmten durch Angst geprägten Krankheiten verstärkt. Die neuroendokrinen Merkmale, die beiden Zuständen gemein sind, könnten in einer erworbenen Toleranz gegenüber dem endogenen Opiatsystem sowie einer durch Hypokortisolismus hervorgerufenen konstant hohen ACTH-Konzentration bestehen. Einige Studien wiederum deuten auf ein Zusammenspiel zwischen der Wirkung von Streß bzw. Neuropeptiden und den individuellen Persönlichkeitsmerkmalen hin.

Im Gegensatz zu Lungenkrebs erscheint bei der koronaren Herzkrankheit die positive Korrelation mit emotionaler Instabilität und Neurotizismus nicht so paradox, obgleich hier in Anbetracht der vielen Spekulationen über kausale Mechanismen das letzte Wort noch nicht gesprochen ist.

Resümee

Man darf annehmen, daß die in Abbildung 4 dargestellten Beziehungen ein qualitativ zutreffendes Bild der Fakten vermitteln. Kausale Zusammenhänge sind weitgehend ungeklärt, obgleich es Hypothesen gibt, die durch Daten untermauert sind. Ausreichend gesicherte Ergebnisse fehlen deshalb, weil die entsprechenden Institutionen kaum Forschungsarbeit zur konstitutionellen Hypothese fördern und daher nur wenige relevante experimentelle Studien durchgeführt wurden. Das alternative Modell zur Standardauffassung kann aus diesem Grund kaum mehr überzeugen als diese selbst. Das Resümee dieser Arbeit muß deshalb sein:

- Bisher wurde keine endgültige Erklärung gefunden.
- Keine der beiden alternativen Theorien auf diesem Gebiet kann für sich in Anspruch nehmen, eine umfassende Erklärung für alle Fakten zu liefern.
- Beide Theorien weisen eine große Anzahl ungeklärter Ergebnisse auf.

Man sollte nicht dem Beispiel der Anhänger der Standardauffassung folgen und eine unbewiesene Lehre schon als allgemeingültig darstellen. Das größte Hindernis für die zur Erweiterung unseres Wissensstandes und zur besseren Fundierung unserer Theorien notwendige wissenschaftliche Forschung ist die Annahme, daß die Wahrheit bereits gefunden sei oder daß alternative Theorien nicht existieren.

Abschließend ist folgendes festzustellen: Die Standardauffassung, derzufolge Rauchen Lungenkrebs und koronare Herzkrankheit verursacht und größtenteils für die mit diesen Krankheiten verbundenen Sterbefälle verantwortlich ist, wurde bisher durch die Forschung keineswegs schlüssig bewiesen. Sie ist im Gegenteil mit so vielen Ungereimtheiten und Schwierigkeiten verbunden und steht auf einem so unsicheren Fundament (vor allem wegen der mangelnden Zuverlässigkeit des Datenmaterials und der unvorsichtigen Verwendung der darauf basierenden Statistiken), daß nur auf „nicht bewiesen" erkannt werden kann.

Andererseits kann aber die konstitutionelle Hypothese – vor allem in Verbindung mit der Forschungsarbeit zum Thema Persönlichkeit und Streß – erfolgreich zur Erklärung einiger Fakten beitragen, obgleich eingeräumt werden muß, daß auch sie in bezug auf kausale Mechanismen wenig überzeugend ist. Zweifel und Fragen bestimmen also die gegenwärtige Forschungssituation: Vielleicht ist eine der beiden Theorien richtig, vielleicht auch beide Theorien, wobei sie sich womöglich ergänzen – oder beide Theorien sind in ihrer jetzigen Form falsch. Diese pessimistische Erkenntnis, basierend auf einer derart umfangreichen Forschung, scheint jedoch aus wissenschaftlicher Sicht gegenwärtig die einzig zulässige Schlußfolgerung zu sein.

Anhang

Erklärung einiger Fachbegriffe

additiv auf der Summierung von Einzelfaktoren beruhend

Anamnese Vorgeschichte einer Krankheit

assortativ aufgrund bestimmter Kriterien ausgewählt

axiomatisches Kalkül grundsätzliche, nicht abgeleitete Annahme, aus der andere Aussagen abgeleitet werden

Dikriminanz-Analyse statistisches Trennverfahren zur Unterscheidung von Gruppen bzw. Gruppenangehörigen

Epidemiologie medizinische Forschungsrichtung, die sich mit der Entstehung, Verbreitung und Bekämpfung von Krankheiten (Epidemien) in verschiedenen Bevölkerungsgruppen befaßt

Extraversion Konzentration des Interesses auf äußere Objekte; Gegensatz: Introversion

Geburtskohorte Anzahl von Personen, die innerhalb eines bestimmten Zeitraums (z. B. im selben Jahr) geboren wurden

Genotyp Gesamtheit der Erbfaktoren eines Menschen

Immunsuppression Abschwächung oder Unterdrückung einer Immunreaktion

Inokulation Impfung; übertragen: Beeinflussung mit immunisierender Wirkung

Introversion Konzentration des Interesses von der Außenwelt weg auf innerseelische Vorgänge

Kohärenz (innerer) Zusammenhang der Einzelteile eines Ganzen

konstitutionell anlagebedingt

Korrelation Zusammenhang (zwischen statistischen Ergebnissen)

Kovarianz Maß für die gegenseitige Abhängigkeit zweier (statistischer) Größen

kumulativ auf Summierung oder Anhäufung beruhend
Mutagen chemischer oder physikalischer Faktor, der eine Erbänderung bewirkt
Neoplasma Neubildung von Gewebe in Form einer (bösartigen) Geschwulst
nichtadditiv nicht auf der Summierung von Einzelfaktoren beruhend
Population Bevölkerungsgruppe; Gesamtheit der befragten oder untersuchten Personen
Prädisposition Anlage, Empfänglichkeit für bestimmte Krankheiten
Proband Versuchs- oder Testperson
projektiv auf bestimmten Übertragungsmechanismen oder Voraussagetechniken beruhend
prospektiv die Weiterentwicklung betreffend
retrospektiv die vergangene Entwicklung betreffend
Selektion Auswahl
signifikant bedeutsam, wichtig
Stressor Streß auslösender Faktor
Varianz Streuung, Streuungsbreite, Abweichung vom Mittelwert

Literaturverzeichnis

Abramson, J. H., Sacks, U. I., Cabana E. 1971. Death certificate data as an indication of the presence of certain common diseases at death. *Journal of Chronic Diseases* 14, 417–431.

Abse, D. W., Wilkins, M. M., Castle, R. C., Buxton, W. D., Demars, J. P., Brown, R. S. & Kirschner, L. G. 1974. Personality and behaviour characteristics of lung cancer patient. *Journal of Psychosomatic Research* 18, 101–113.

Ader, R. (Hg.), 1981, Psychoneuroimmunology, New York: Academic Press.

Ader, R. & Cohen, N. 1975, Behaviourally conditioned immunosuppression. *Psychosomatic Medicine* 37, 333–340.

Ader, R. & Cohen, N. 1981. Conditioned immuno-pharmacologic responses. In R. Ader (Hg.), *Psycho-immunology*, Academic Press.

Albert, S. & Child, M. 1977. Familial cancer in the general population. *Cancer* 40, 1674–1679.

Almond, J. W. 1977, Naloxone alters pain perception and somatosensory evoked potentials in normal subjects. *Nature* 270, 620–621.

Anderson, D. E. 1978. Familial cancer and cancer families. *Seminars in Oncology* 5, 11–16.

Bahnson, C. B. & Bahnson, M. B. 1964a. Cancer as an alternative to psychosis. In D. M. Kissen & L. C. LeShan (Hg.), *Psychosomatic aspects of neoplastic disease*. Philadelphia: Lippincott.

Bahnson, C. B. & Bahnson, M. B. 1964b. Denial and repression of primitive impulses and of disturbing emotions in patients with malignant neoplasms. In D. M. Kissen & L. C. LeShan (Hg.), *Psychosomatic aspects of neoplastic disease*. Philadelphia: Lippincott.

Bammer, K. 1981, Stress, spread and cancer. In K. Bammer & B. H. Newberry, *Stress and cancer*. Toronto: C. J. Hogrefe.

Bammer, K. & Newberry, B. H. 1981. *Stress and cancer*. Toronto: C. J. Hogrefe.

Barchas, J. D. & Sullivan, S. 1982. Opioid peptides as neuroregulators: Potential areas for the study of genetic-behavioural mechanisms. *Behaviour Genetics* 12, 69–91.

Barefoot, J. C., Dahlstrom, W. B. & Williams, R. B. 1983, Hostility, CHD incidence, and total mortality: A 25-year follow-up study of 253 physicians. *Psychosomatic Medicine* 45, 59–63.

Bauer, F. W. & Robbins, S. L. 1972. An autopsy study of cancer patients. *Journal of the American Medical Association* 227, 1431–1474.

Beadenkopf, W. G., Abrams, M., Daoud, A. & Marks, R. U. 1963. An assessment of certain medical aspects of death certificate data for epidemiologic study of arteriosclerotic heart disease. *Journal of Chronic Diseases* 16, 249–262.

Belcher, J. R. 1971. World-wide differences in the sex ratio of bronchial carcinoma. *British Journal of the Diseases of the Chest* 65, 205–221.

Bendien, J. & Groen, J. 1963. A psychological-statistical study of neuroticism and extraversion in patients with myocardial infarction. *Journal of Psychosomatic Research* 7, 11–14.

Berkson, J. 1958. Smoking and lung cancer: Some observations on two recent reports. *Journal of the American Statistical Association* 53, 28–38.

Berkson, J. & Elveback, L. 1960. Competing exponential risks, with particular reference to the study of smoking and lung cancer. *Journal of the American Statistical Association* 291, 415–428.

Berndt, H., Gunther, H. & Rohte, G. 1980. Persönlichkeitsstruktur nach Eysenck bei Kranken mit Brustdrüsen- und Bronchialkrebs und Diagnoseverzögerung durch den Patienten. *Archiv für Geschwulstforschung* 50, 359–368.

Blohmke, M., Engelhardt, B. & Stelzer, D. (in Vorb.). Psychosocial factors and smoking as risk factors in lung carcinoma. *Journal of Psychosomatic Research*.

Bloom, B. L., Asher, J. J. & White, S. W. 1978. Marital disruption as a stressor: A review and analysis. *Psychological Bulletin* 85, 867—894.

Blumberg, E. M., West, P. M. & Ellis, F. W. 1954. A possible relationship between psychological factors and human cancer. *Psychosomatic Medicine* 16, 277–286.

Blumenthal, J. A., Thompson, L. W., Williams, B. R. & Kong, Y. 1979. Anxietyproneness and coronary heart disease. *Journal of Psychosomatic Research* 23, 17–21.

Bohus, B. 1974. Pituitary-adrenal hormones and the forced extinction of a passiv avoidance response in the rat. *Brain Research* 66, 366–367.

Bohus, B., de Kloet, E. R. & Veldhuis, H. D. 1982. Adrenal steroids and behavioral adaptation: Relationship to brain corticosteroid receptors. D. Ganten & D. Pfaff (Hg.), *Adrenal actions on brain*. New York: Springer-Verlag.

Bolles, R. C. 1970. Species-specific defensive reactions and avoidance learning. *Psychological Review* 77, 32–48.

Bolles, R. C. & Fanselow, M. S. 1980. A perceptual-defensive-recuperative model of fear and pain. *The Behavioral and Brain Sciences* 3, 291–323.

Borysenko, U. & Borysenko, J. 1982. Stress, behaviour, and immunity: Animal models and mediating mechanisms. *General Hospital Psychiatry* 4, 59–67.

Bovbjerg, D., Ader, R. & Cohen, N. 1982. Behaviorally conditiones suppression of a graft-versus-host response. Proceedings of the National Academy of Sciences 79, 583–585.

Breier, C., Kain, H. & Konzett, H. 1979. Personality dependent effects of the ACTH 4–10 fragment on test performances and on concomitant autonomic reactions. *Psychopharmacology* 65, 239–246.

Briggs, R. L. 1975. Quality of death certificate diagnosis as compared with autopsy findings. *Arizona Medicine* 32, 617–624.

Britton, D. R. & Britton, K. T. 1981. A sensitive open field measure of anxiolytic drug activity. *Pharmacology, Biochemistry and Behavior* 15, 577–582.

Britton, D. R., Koob, G. F., River, J. & Vale, W. 1982. Intraventricular corticotropinreleasing factor enhances behavioral effects of novelty. *Life Sciences* 31, 363–367.
Britton, M. 1974. Diagnostic errors discovered at autopsy. *Acta Medica Scandinavia* 196, 203–210.
Britton, M. 1974. Clinical diagnostics: experience from 383 autopsied cases. *Acta Medica Scandinavia* 196, 211–219.
Brown, F. 1960. The relationship between cancer and personality. *Annals of the New York Academy of Science* 125, 865–875.
Brownlee, K. A. 1965. A review of "Smoking and Health". *Journal of the American Statistical Association* 60, 722–739.
Burch, P. R. J. 1976. *The biology of cancer: A new approach.* Lancaster: Medical and Technical Publishers.
Burch, P. R. J. 1978a. Are 90 % of cancers preventable? IRCS *Journal of Medical Science* 6, 353–356.
Burch, P. R. J. 1978b. Coronary heart disease: Risk factors and ageing. *Gerontology* 24, 123–155.
Burch, P. R. J. 1978c. Smoking and lung cancer: The problem of inferring cause. *Journal of the Royal Statistical Society* 141, 437–477.
Burch, P. R. J. 1979. Coronary disease: Risk factors, age, and time. *American Heart Journal* 97, 415–419.
Burch, P. R. J. 1980. Review: Ischaemic heart disease: Epidemiology, risk factors and cause. *Cardiovascular Research* 14, 307–338.
Burch, P. R. J. 1982. Cigarette smoking and lung cancer: A continuing controversy. *Medical Hypotheses* 9, 293–306.
Burch, P. R. J. 1983. The Surgeon-General's "epidemiologic criteria for causality": A critique. *Journal of Chronic Diseases* 36, 821–836.
Burch, P. R. J. Smoking and health. 1985. In Vorb. In S. Modgil and C. Modgil (Hg.) *Hans Eysenck: Consensus and Controversy.*
Burch P. R. J. 1984. The Surgeon-General's "epidemiologic criteria for causality": A reply to Filienfeld. *Journal of Chronic Diseases* 37, 148–156.
Butler, J., Regelson, W., Lawlis, G. F. & Bristow, O. V. 1982. Personality profile comparison between cancer patients and other disease groups. *Multivariate Experimental Clinical Research* 6, 15–21.
Cairns, J. 1981. The origin of human cancers. *Nature* 289, 353–357.
Cameron, M. & McGoogan, E. 1981. A prospective study of 1152 hospital autopsies. Part 1: Inaccuracies in death certification. *Journal of Pathology* 133, 273–283.
Cameron, H. M. & McGoogan, E. 1981. A prospective study of 1152 hospital autopsies: II. Analysis of inaccuracies in clinical diagnoses and their significance. *Journal of Pathology* 134, 285–300.
Cameron, H. M., McGoogan, E., Clarke, J. & Wilson, B. A. 1977. Trends in hospital necropsy rates: Scotland, 1961–1974. *British Medical Journal* 1, 1577–1579.
Cederlof, R., Friberg, L. & Hrubec, Z. 1969. Cardiovascular and respiratory symptoms in relation to tobacco smoking. *Archives of Environmental Health* 18, 934–940.

Cederlof, R., Friberg, L. & Lundman, T. 1977. The interaction of smoking, environment and heredity and their implications for disease etiology. *Acta Medica Scandinavia* Supplement 612.

Chan, W. C., Colbourne, M. J., Fung, S. C. & Ho, H. C. 1979. Bronchial cancer in Hong Kong, 1976–1977. *British Journal of Cancer* 39, 182–192.

Choi, N. W., Schumann, L. M., Gullen, W. H. 1970. Epidemiolgy of primary central nervous system neoplasms. Part 2: Case-control study. *American Journal of Epidemiology* 91, 467–485.

Christie, M. J. & Chesher, G. B. 1982. Physical dependence on physiologically released endogenous opiates. *Life Sciences* 30, 1173–1177.

Christie, M. J., Trisdikoon, P. & Chesher, G. B. 1982. Tolerance and cross tolerance with morphine resulting from physiological release of endogenous opiates. *Life Sciences* 31, 839–845.

Cinader, B. 1975. Individuality in disease and therapy. *CMA Journal* 113, 11–14.

Cohen, S. 1980. After-effects of stress on human performance and social behaviour: A review of research and theory. *Psychological Bulletin* 88, 82–108.

Cohen, B. H., Diamond, E. L., Graves, C. G., Kreiss, O., Levy. D. A., Menkes, H. A., Permutt, S., Omaskey, S. & Tockman, M. S. 1977. A common familial component in lung cancer and chronic obstructive pulmonary disease. *Lancet* 2, 523–526.

Cohen, N., Ader, R., Green, N. & Bovbjerg, D. 1979. Conditioned suppression of a thymus-independent antibody response. *Psychosomatic Medicine* 41, 487–491.

Concannon, J. T., Riccio, D. C., Maloney, R. & McKelvey, J. 1980a. ACTH mediation of learned fear: Blockade by naloxone and naltrexone. *Physiology and Behavior* 25, 977–979.

Concannon, J. T., Riccio, D. C. & McKelvey, J. 1980b. Pavlovian conditioning of fear based upon hormonal mediation of prior aversive experience. *Animal Learning and Behavior* 8, 75–80.

Conteno, F. & Chiarelli, B. 1962. Study of the inheritance of some daily life habits. *Heredity* 17, 347–359.

Cooper, C. L. (Hg.). 1983. *Stress Research*, London: John Wiley.

Cooper, C. L. & Payne, R. (Hg.). 1980. *Current concerns in occupational stress*. Chichester: J. Wiley.

Coppen, A. & Mercalfe, M. 1963. Cancer and extraversion. *British Medical Journal*, July, 18–19.

Crabbe, J. C., Allen, R. G., Gantte, N. D., Young, A. K. & Stack, J. 1981. Strain differences in pituitary B-endorphin and ACTH content in inbred mice. *Brain Research* 219, 219–223.

Curtis, G. C., Buxton, M., Lippman, D., Nesse, R. & Wright, J. 1976. "Flooding in vivo" during the circadian phase of minimal cortisol secretion: Anxiety and therapeutic success without adrenal cortical activation. *Biological Psychiatry* 11, 101–107.

Curtis, G. C., Nesse, R., Buxton M. & Lippman, D. 1978. Anxiety and plasma cortisol at the crest of the circadian cycle: Reappraisal of a classical hypothesis. *Psychosomatic Medicine* 40, 368–370.

Dackis, C. A., Gurpegui, M., Pottash, A. L. C. & Gold, M. S. 1982. Methadone induced hypoadrenalism. *Lancet* 2, 1167.

Dattore, P. J., Shautz, F. C. & Coyne, L. 1980. Premorbid personality differentiation of cancer and non-cancer groups: A test of the hypothesis of cancer proneness. *Journal of Counselling and Clinical Psychology* 48, 388–394.

DeChambre, R. F. 1981, Psychosocial stress and cancer in mice. In K. Bammer & B. H. Newberry (Hg.), *Stress and Cancer*. Toronto: C. J. Hogrefe.

de Wied, D. & Jolles, J. 1982. Neuropeptides derived from propiocortin: behavioural, physiological and neurochemical effects. *Physiological Reviews* 62, 976–1060.

de Wied, D., Gafforio, Van Ree, J. M. & de Jong, W. 1984. Central target for behavioural effects of vasopressin neuropeptides. *Nature* 308, 276–278.

Dijl, H. 1979. Myocardial infarction patients and sociability. *Journal of Psychosomatic Research* 23, 3–6.

Dohrenwend, B. S. & Dohrenwend, B. P. 1974. *Stressful life events: Their nature and effects*. New York: Wiley.

Dohrenwend, B. S. & Dohrenwend, B. P. (Hg.). 1981. *Stressful life events and their contexts*. New York: Provdist.

Doll, R. 1971. The age distribution of cancer: Implications for models of carcinogenesis. *Journal of the Royal Statistical Society* 134, 133–166.

Doll, R. & Hill, A. B. 1952. A study of the aetiology of carcinoma of the lung. *British Medical Journal* 2, 1271–1286.

Doll, R. & Hill, A. B. 1964. Mortality in relation to smoking: Ten years' observations of British doctors. *British Medical Journal* 1, 1399–1410; 1460–1467.

Doll, R. & Peto, R. 1976. Mortality in relation to smoking: 20 years' observations on male British doctors. *British Medical Journal* 2, 1525–1536.

Duckitt, J. & Broll, T. 1982. Personality factors as moderators of the psychological impact of life stress. *South African Journal of Psychology* 12, 76–80.

Dunbar, F. 1943. *Psychosomatic diagnosis*. New York: Hoeber.

Editorial. 1979. Medical charities and prevention. *British Medical Journal* 2, 1616.

Eliot, R. S. 1974. *Stress and the heart*. New York: Future Publishing Company.

Enstrom, J. E. 1980. Cancer mortality among Mormons in California during 1968–1975. *Journal of the National Cancer Institute* 65, 1073–1082.

Eppinger, H. 1917. *Vagotomia*. New York: Nervous and Mental Diseases Monograph No. 20.

Ernster, V. L., Sacks, S. T., Selvin, S. & Petrakis, N. I. 1979. Cancer incidence by marital status: U. S. Third National Cancer Survey. *Journal of the National Cancer Institute* 63, 567–585.

Eysenck, H. J. 1965. Smoking, Health and Personality. London: Weidenfeld & Nicolson.
Eysenck, H. J. 1967. *The biological basis of personality*. Springfield: C. C. Thomas.
Eysenck, H. J. 1973. Personality and the maintenance of the smoking habit. In W. L. Dunn (Hg.), *Smoking behaviour: Motives and incentives*. New York: Wiley.
Eysenck, H. J. 1979. The conditioning model of neurosis. *The Behavioral and Brain Sciences* 2, 155–199.
Eysenck, H. J. 1980. *The causes and effects of smoking*. London: Maurice Temple Smith; Los Angeles: Sage.
Eysenck, H. J. (Hg.). 1981a. *A model for personality*. New York: Springer.
Eysenck, H. J. 1981b. Personality and cancer: some comments on a paper by H. Berndt. *Archiv für Geschwulstforschung* 51, 442–443.
Eysenck, H. J. 1982. Neobehavioristic (S-R) Theory. In G. T. Wilson & C. M. Franks, *Contemporary behavior therapy*. London: Guilford Press.
Eysenck, H. J. 1983a. Psychopharmacology and personality. In W. Janke (Hg.), *Response variability to psychotropic drugs*. New York: Pergamon.
Eysenck, H. J. 1983b. Stress, disease, and personality: The "inoculation effect". In C. L. Cooper (Hg.), *Stress Research*. London: John Wiley.
Eysenck, H. J. 1984. Personality, stress and lung cancer. In S. Rachman (Hg.), *Contributions to Medical Psychology* (Bd. 3). London: Pergamon.
Eysenck, H. J. Forthcoming Personality, cancer and cardiovascular disease: Causal analysis. *Personality and Individual Differences.*
Eysenck, H. J. & Eysenck, M. W. 1985. *Personality and Individual Differences*. New York: Plenum.
Eysenck, H. J. & Fulker, D. W. 1983. The components of type of behaviour and its genetic determinants. *Personality and Individual Differences* 4, 499–505.
Faine, D. 1974. Ischaemic heart disease in death discordant twins: A study of 205 male and female pairs. *Acta Medica Scandinavia* Supplement 588, 1–129.
Fehm, H. L., Klein, E. & Voight, K. H. 1984. Evidence for extra-pituitary mechanisms mediating the morning peak of plasma cortisol in man. *Journal of Clinical Endocrinology and Metabolism* 58, 410–414.
Feingold, J. 1978. Genetique et cancers humains: Methodologie d'étude. *Bulletin du Cancer* 65, 73–77.
Feinstein, A. R. & Wells, C. K. 1974. Cigarette smoking and lung cancer: The problem of "detection bias" in epidemiologic rates of disease. *Transactions of the Association of American Physicians* 87, 180–185.
Fisher, R. A. 1958a. Cigarettes, cancer, and statistics. *Centennial Review of the Arts and Sciences* (Bd. 2). Michigan: State Universities.
Fisher, R. A. 1958b. Lung cancer and cigarettes. *Nature* 182, 108.
Fisher, R. A. 1958c. Cancer and smoking. *Nature* 182, 596.
Fisher, R. A. 1959. *Smoking, the cancer controversy*. Edinburgh: Oliver and Boyd.

Floderus, B. 1974. Psycho-social factors in relation to coronary heart disease and associated risk factors. *Nordisk Hygienisk Tidskrift* Supplement 6.

Fox, B. H. & Newbery, B. H. 1984. *Impact of psychoendocrine systems in cancer and immunity*. New York: Hogrefe.

Frankenhaeuser, M. 1980. Psychological aspects of life stress. In S. Levine & H. Ursiu (Hg.), *Coping and Health*. New York: Plenum.

Franklin, R. V. & Broadhurst, P. I. 1979. Emotionality in selectively bred strains of rats. *Behavior Research and Therapy* 17, 349–354.

Friberg, L., Kay, L., Dencker, S. J. & Joneson, E. 1959. Smoking habits of monozygotic and dizygotic twins. *British Medical Journal* 1, 1090–1092.

Friedman, G. D., Siegelaub, A. B., Dales, L. G. & Seltzer, C. C. 1979, Characteristics predictive of coronary heart disease in ex-smokers before they stopped smoking: Comparison with persistent smokers and non-smokers. *Journal of Chronic Diseases* 32, 175–190.

Fulker, D. 1981. The genetic and environmental architecture of psychoticism, entraversion and neuroticism. M. H. Eysenck (Hg.), *A Model for Personalities*. New York: Springer.

Garcia, J., Hankins, W. G. & Rusiniak, K. W. 1974. Behavioural regulation of the milieu interne in man and rat. *Science* 185, 824–831.

Gertler, M. G. & White, P. D. 1954. *Coronary heart disease in young adults*. Cambrigde: Harvard University Press.

Gray, J., Davis, N. & Owen, S. 1981. Stress tolerance: Possible neural mechanisms. In M. L. Christie & P. G. Mellett (Hg.), *Foundations of Psychosomatics*. New York: J. Wiley.

Greenberg, A. H., Dyck, D. G. & Sandler, L. S. 1984. Opponent process, neurohormones and natural resistance. In B. H. Fox & B. H. Newberry (Hg.), *Impact of psychoendocrine systems in cancer and immunity*. New York: C. J. Hogrefe.

Greene, W. A. 1966. The psychosocial setting of the development of leukemia and lymphoma. *Annals of the New York Academy of Sciences* 125, 794–801.

Green, W. A. & Swisher, S. N. 1969. Psychological and somatic variables associated with the development and course of monozygotic twins discordant for leukemia. *Annals of the New York Academy of Sciences* 164, 394–408.

Greer, S. 1979. Psychological enquiry: A contribution to cancer research. *Psychological Medicine* 9, 81–89.

Greer, S. & Morris, T. 1975. Psychological attributes of women who develop breast cancer: A controlled study. *Journal of Psychosomatic Medicine* 19, 147–153.

Grossarth-Maticek, R. 1980. Synergic effects of cigarette smoking, systolic blood pressure, and psychosocial risk factors for lung cancer, cardiac infarct and apoplexi cereboi. *Psychotherapy and Psychosomatics* 34, 267–272.

Grossarth-Maticek, R., Bastiaans, J. & Kanasir, D. T. 1985. Psychosocial factors as strong predictors of mortality from cancer ischaemic heart disease and stroke: The Yugoslav Prospective Study. *Journal of Psychosomatic Research* 29, 167–176.

Grossarth-Maticek, R., Bastiaans, J., Schmidt, P. & Vetter H. 1983. Psychosomatic factors in the process of cancerogenesis: The Heidelberg Prospective Study. Paper presented at Hamburg World Congress of Psychosomatic Medicine.

Grossarth-Maticek, R., Frentzel-Beyme, R. & Becker, V. 1984. Cancer risk associated with life events and conflict resolution. *Cancer Detection and Prevention* 7, 201–209.

Grossarth-Maticek, R., Kanasir, D. T., Schmidt, P. & Vetter, H. 1982a. Psychosocial and organic variables for lung cancer, cardiac infarct and apoplexy. Paper presented at XIV European Conference on Psychosomatic Research.

Grossarth-Maticek, R., Kanasir, D. T., Schmidt, P. & Vetter, H. 1982b. Psychosomatic factors in the process of cancerogenesis. *Psychotherapy and Psychosomatics* 38, 284–302.

Grossarth-Maticek, R., Kanasir, D. T., Schmidt, P. & Vetter, H. 1985. Psychosocial and organic variables as predictors of lung cancer, cardiac infarct and apoplexy: Some differential predictors. *Personality and Individual Differences* 6, 313–321.

Grossarth-Maticek, R., Kanasir, D. T., Vetter, H. & Schmidt, P. 1983. Psychosomatic factors involved in the process of cancerogenesis. *Psychotherapy and Psychosomatics* 40, 191–210.

Grossarth-Maticek, R., Siegrist, J. & Vetter, H. 1982. Interpersonal repression as a predictor of cancer. *Social Science and Medicine* 16, 493–498.

Grossen, N. E. & Kelley, M. J. 1972. Species-specific behaviour and the acquisition of behaviour in rats. *Journal of Comparative and Physiological Psychology* 81, 306–311.

Gruver, R. H. & Freis, E. D. 1957. A study of diagnostic error. *Annals of Internal Medicine* 47, 108–120.

Guberan, E. 1979. Surprising decline of cardiovascular mortality in Switzerland: 1951–1976. *Journal of Epidemiology and Community Health* 33, 114–120.

Hagnell, O. 1966. The premorbid personality of persons who develop cancer in a total population. *Annals of the New York Academy of Science* 125, 846–855.

Hammond, E. C. 1966. Smoking in relation to death rates of one million men and women. *National Cancer Institute Monograph* 19, 127–204.

Hammond, E. C. 1972. Smoking habits and air pollution in relation to lung cancer. In D. K. Lee (Hg.), *Environmental factors in respiratory diseases*. New York: Academic Press.

Hammond, E. C. & Garfinkel, L. 1969. Coronary heart disease, stroke, and aortic aneurysm: Factors in the etiology. *Archives of Environmental Health* 19, 167–182.

Hammond, E. C. & Horn, D. 1958. Smoking and death rates – report on forty-four months of follow-up on 187,783 men. Part 1: Total mortality. *Journal of the American Medical Association* 166, 1159–1172.

Hamtoft, H. & Lindhardt, M. 1956. Tobacco consumption in Denmark. Teil 2. *Danish Medical Bulletin* 3, 150.

Harris, C. C. 1980. Individual differences in cancer susceptibility. *Annals of Internal Medicine* 92, 809–825.

Hartveit, F. 1979. Autopsy findings in cases with a clinically uncertain diagnosis. *Journal of Pathology* 129, 111–119.

Harvald, B. & Hauge, M. 1963. Hereditary factors elucidated by twin studies. In J. V. Weel, M. V. Shaw & W. J. Schull (Hg.), *Genetics and the epidemiology of chronic diseases.* Washington: Public Health Service.

Heasman, M. A. & Lipworth, I. 1966. *Accuracy of certification of cause of deaths.* London: H.M.S.O.

Heathcote, J. & Taylor, K. B. 1981. Immunity and nutrition in heroin addicts. *Drug and Alcohol Dependence* 8, 245–255.

Horne, R. L. & Picard, R. S. 1979. Psychosocial risk factors for lung cancer. *Psychosomatic Medicine* 41, 503–514.

Horwitz, G. P. & Dudek, B. C. 1983. Behavioral pharmacogenetics. In J. L. Fuller & E. C. Simmel (Hg.), *Behavior Genetics.* London: Lawrence Erlbaum.

Hrubec, Z., Cederlof, R. & Friberg, L. 1976. Background of angina pectoris: Social and environmental factors in relation to smoking. *American Journal of Epidemiology* 103, 16–29.

Insel, T. R. & Pickar, D. 1983. Naloxone administration in obsessive-compulsive disorders: Report of two cases. *American Journal of Psychiatry* 140, 1219–1220.

Jackson, L. G. 1978. Chromosomes and cancers: Current aspects. *Seminars in Oncology* 5, 3–10.

Jacobs, T. J. & Charles, E. 1980. Life events and the occurrence of cancer in children. *Psychosomatic Medicine* 42, 11–24.

Jacquet, Y. F. 1978. Opiate effects after adrenocorticotropin or B-endorphin injection in the periaqueductal gray matter of rats. *Science* 201, 1032–1034.

Jemmott, J. B. & Locke, S. E. 1984. Psychosocial factors, immunologic mediation and human susceptibility to infectious disease: How much do we know? *Psychological Bulletin* 95, 78–108.

Jones, M. T., Gillham, B., Greenstein, B. D., Beckford, V. & Holme, M. C. 1982. Feedback actions of adrenal steroids. In D. Ganten & D. Pfaff (Hg.), *Adrenal actions on brain.* New York: Springer-Verlag.

Kagan, A., Katsuki, S., Sternley, N. & Vanecek, R. 1967. Reliability of death certificate data on vascular lesions affecting the central nervous system. *Bulletin of the World Health Organization* 37, 477–483.

Kagan, A., Gordon T., Rhoads, G. & Schiffman, J. C. 1975. Some factors related to coronary heart disease incidence in Honolulu Japanese men: The Honolulu Heart Study. *International Journal of Epidemiology* 4, 271–279.

Kahn, H. A. 1966. The Dorn study of smoking and mortality among U. S. veterans: Report on eight and one-half years observation. *National Cancer Institute Monograph* 19, 1–125.

Kalin, N. H., Weiler, S. J. & Shelton, S. E. 1982. Plasma ACTH and cortisol concentrations before and after dexamethasone. *Psychiatry Research* 7, 1982.

Kasl, S. V. 1983. Pursuing the links between stressful life experiences and disease: A time for reappraisal. In C. I. Cooper (Hg.), *Stress Research*. New York: J. Wiley.

Katz, L. 1969. *Statement to the committee on cigarette labelling and advertising*. Washington: Committee on Interstate and Foreign Commerce.

Kern, W. H., Jones, J. C. & Chapman, V. D. 1968. Pathology of bronchogenic carcinoma in long term survivors. *Cancer* 21, 772–780.

Kessler, I. I. 1972. Epidemiological studies of Parkinson's disease. Teil 3: A community based survey. *American Journal of Epidemiology* 96, 242–254.

Keys, A. 1962. Diet and coronary heart disease throughout the world. *Cardiological Practice* 13, 225–244.

Kissen, D. M. 1963a. Personality characteristics in males conducive to lung cancer. *British Journal of Medical Psychology* 36, 27–36.

Kissen, D. M. 1963b. Aspects of personality of men with lung cancer. *Acta Psychotherapeutica* 11, 200–210.

Kissen, D. M. 1964a. Relationship between lung cancer, cigarette smoking, inhalation, and personality. *British Journal of Medical Psychology* 37, 203–216.

Kissen, D. M. 1964b. Lung cancer, inhalation, and personality. In D. M. Kissen & L. L. LeShan (Hg.), *Aspects of neoplastic disease*. London: Pitman.

Kissen, D. M. 1967. Psychological factors, personality, and lung cancer in men aged 55–64. *British Journal of Medical Psychology* 40, 29–34.

Kissen, D. M. 1968. Some methodological problems in clinical psychosomatic research with special reference to chest disease. *Psychosomatic Medicine* 30, 324–335.

Kissen, D. M. & Eysenck, H. J. 1962. Personality in male lung cancer patients. *Journal of Psychosomatic Research* 6, 123–137.

Kissen, D. M. & Rowe, L. G. 1969. Steroid excretion patterns and personality in lung cancer. *Annals of the New York of Sciences* 164, 476–482.

Knudson, A. G. 1973. Genetics and etiology of human cancer. In H. Harris & K. Hirschhorn (Hg.), *Advances in Human Genetics*. New York: Plenum.

Koeppe, P. 1980. Überlegungen zur Krebsstatistik und -epidemiologie. *Biologische Medizin* 3, 99–110.

Koeppe, P., Oeser, H. & Rach, K. 1977. Increased cancer mortality rate = increased risk of cancer? *Scandinavia* 1, 8–10.

Kohl, F., Rüdiger, H. W. & Wichert, P. 1977. Genetik und Bronchial-Karzinom. *Praxis der Pneumologie* 31, 503–504.

Kopp, M. S. & Koranyi, L. 1982. Autonomic and psychologic correlates in hypertension and duodenal ulcer. *Pavlovian Journal of Biological Science* 9, 178–187.

Kouri, R. E. (Hg.). 1980. *Genetic differences in chemical carcinogenesis*. Boca Raton, Florida: CRC Press.

LeShan, L. C. 1959. Psychological states as factors in the development of malignant disease. A critical review. *Journal of the National Cancer Institute* 22, 1–18.

LeShan, L. C. 1966. An emotional life-history pattern associated with neoplastic disease: *Annals of the New York Academy of Science* 125, 780–793.

Levi, R. N. & Waxman, S. 1975. Schizophrenia, epilepsy, cancer, methionine, and foliate metabolism. Pathogenesis of schizophrenia. *Lancet*, 5 July, 11–13.

Levin, M. I., Goldstein, H. & Gerhardt, P. R. 1950. Cancer and tobacco smoking: A preliminary report. *Journal of the American Medical Association* 143, 336–338.

Linn, B. S., Linn, M. W. & Jensen, J. 1981. Anxiety and immune responsiveness. *Psychological Reports* 49, 969–970.

Litwin, S. D. (Hg.). 1978. *Genetic determinants of pulmonary disease*. New York: Marcel Dekker.

Locke, S. E. 1982. Stress, adaptation, and immunity. *General Hospital Psychiatry* 4, 49–58.

LoLordo, V. M. 1979. Constraints on learning. In M. E. Bitterman, V. M. LoLordo, J. B. Overmier & M. E. Rasotte (Hg.), *Animal learning: Survey and analysis*. London: Plenum Press.

Lombard, H. I. & Doering, C. R. 1928, 1978. Classics in oncology. Cancer studies in Massachusetts, Teil 2: Habits, characteristics and environment of individuals with and without cancer. *New England Journal of Medicine* 198, 411–417.

Lombard, H. L. & Potter, E. A. 1950. Epidemiological aspects of cancer of the cervix: Hereditary and environmental factors. *Cancer* 3, 960–968.

Lundman, T. 1966. Smoking in relation to coronary heart disease and lung function in twins. *Acta Medica Scandinavia* 180, Supplement 455.

Lynch, H. T. 1977. Pulmonary disease: Defence mechanisms and populations at risk. In M. A. Clark (Hg.), *Proceedings of Tobacco and Health Research Institute Symposium*. Kentucky: University of Kentucky.

Lynch, H. T., Fain, P. R., Albano, W., Black, L. & Shouka, M. 1981. *Genetic/epidemiological findings in a study of smoking associated tumours*. Washington, D. C.: American Association for Cancer Research Publications.

Lynch, H. T., Fain, P. R., Albano, W., Ruma, T., Black, L. & Lynch, J. 1982. Genetic/epidemiological findings in a study of smoking-associated tumours. *Cancer Genetics and Cytogenetics* 6, 163–169.

Lyon, J. L., Gardner, J. W. & West, D. W. 1980. Cancer incidence in Mormons and non-Mormons in Utah during 1967–75. *Journal of the National Cancer Institute* 65, 1063–1071.

McCarthy, E. G. & Widmer, G. W. 1974. Effects of screening by consultants on recommended elective surgical procedures. *The New England Journal of Medicine* 291, 1331–1335.

Mackintosh, N. J. 1974. *The psychology of animal learning.* London: Academic Press.

MacLennan, R., da Costa, J., Day, N. E., Law, C. H., Ng, Y. K. & Shanmugaratnam, K. 1977. Risk factors for lung cancer in Singapore Chinese, a population with high female incidence rates. *International Journal of Cancer* 20, 854–860.

MacLennan, J. A., Drugan, R. C., Hyson, R. L. & Maier, S. F. 1982. Corticosterone – a critical factor in an opioid form of stress-induced analgesia. *Science* 215, 1530–1532.

Mainland, D. & Herrera, L. 1956. The risk of biased selection in forward going surveys with non-professional interviewers. *Journal of Chronic Disease* 4, 240–244.

Marks, D. A. 1981. Genetic predisposition to cancer. *Surgery* 90, 132–136.

Marmot, M. G., Syme, S. L., Kagan, A., Kato, H., Cohen, J. B. & Belsky, J. 1975. Prevalence of coronary and hypertensive heart disease and associate risk factors. *American Journal of Epidemiology* 102, 514–525.

Miles, H. H., Waldvogel, S., Barrahee, E. C. & Cobb, S. 1954. Psychosomatic Study of 46 young men with coronary artery disease. *Psychosomatic Medicine* 16, 455–462.

Miller, S. M. 1981. Predictability and human stress: Toward a clarification of evidence and theory. *Advances in Experimental Social Psychology* 14, 203–255.

Mills, C. A. & Porter, M. Y. 1950. Tobacco smoking habits and cancer of the mouth an respiratory system. *Cancer Research* 10, 539–542.

Monjan, A. A. & Collector, M. I. 1977. Stress-induced modulation of immune response. *Science* 196, 307–308.

Monitor, S. 1983. Sugary foods may promote breast cancer. *New Scientist* 10 March, 648.

Moore, J. E. 1983, Arginine vasopressin enhances tolerance. *Pharmacology, Biochemistry and Behavior* 19, 561–656.

Mooris, T., Greer, S., Pettingale, K. W. & Watson, M. 1981. Patterns of expression of anger and their psychological correlates in women with breast cancer. *Journal of Psychosomatic Research* 25, 111–117.

Muller, F. H. 1939. Tabakmißbrauch und Lungencarcinoma. *Zeitschrift für Krebsforschung* 49, 57–84.

Multiple Risk Factor Intervention Trial Research Group. 1982. Multiple risk factor intervention trial. *Journal of the American Medical Association* 248, 1465–1477.

Mulvihill J. J. 1976. Genetic factors in pulmonary neoplasms. *Birth Defects* 12, 99– 111.

Murray, I. D. 1964. Possible relationships between smoking and lung cancer. *Analog* 15, 83–85.

Myrtek, M. 1983. *Typ-A-Verhalten.* München: Minerva.

Nefzger, M. D., Quadsfasel, F. A. & Karl, V. C. 1968. A retrospective study of smoking in Parkinson's disease. *American Journal of Epidemiology* 88, 149–158.

Newell, D. Z. 1962. Errors in the interpretation of errors in epidemiology. *American Journal of Public Health* 52, 1925–1928.

O'Brien, C. P., Testa, T., Orien, T. J., Brady, J. P. & Wells, B. 1977. Conditioned narcotic withdrawall in humans. *Science* 195, 1000–1002.

Oeser, H. 1979. *Krebs: Schicksal oder Verschulden?* Stuttgart: G. Thieme.

Ohman, A., Eriksson, A. & Olofsson, C. 1975. One-trial learning and superior resistance to extinction of autonomic responses conditioned to potentially phobic stimuli. *Journal of Comparative and Physiological Psychology* 88, 619–627.

Ohman, A., Frederickson, M., Hugdahl, K. & Rimmo, P. 1976. The premise of equipotentiality in human conditioning: Conditioned electrodermal responses to potentially phobic stimuli. *Journal of Experimental Psychology: General* 105, 313–337.

Ohma, A. 1980. Fear relevance, autonomic conditioning and phobias. In P. O. Sjoden & S. Bates (Hg.), *Trends in behavior therapy*. New York: Academic Press.

Oliver, M. F. 1982. Does control of risk factors prevent coronary heart disease? *British Medical Journal* 285, 1065–1066.

Osler, W. 1910. The Lumleian lectures on angina pectoris. *Lancet* 1, 839–845.

Ost, L. & Hugdahl, K. 1983. Acquisition of agoraphobia mode of onset and anxiety response patterns. *Behaviour Research and Therapy* 21, 623–631.

Ostfeld, A. M., Lebovitz, B. Z., Shekelle, R. B. & Paul, O. 1964. A prospective study of the relationship between personality and coronary heart disease. *Journal of Chronic Disease* 17, 265–272.

Passey, R. D. 1962. Some problems of lung cancer. *Lancet* 11, 107–112.

Passey, R. D., Blackmore, M., Warbrick-Smith, D. & Jones, R. 1971. Smoking risks of different tobaccos. *British Medical Journal* 4, 198–201.

Pearl, R. 1928. *The rate of living*. New York: Knopf.

Perria, G. U. & Pierce, I. R. 1959. Psychosomatic aspects of cancer: A review. *Psychosomatic Medicine* 21, 397–421.

Pike, M. C. & Doll, R. 1965. Age at onset of lung cancer: Significance in relation to effect of smoking. *Lancet* March, 665–668.

Pleszewski, Z. 1977. *Funkcjonowanie Emocjonalne Pacjentow Przed I Po Zawale Serca*. Dozuan: Uniwersytet Im. Adama Mickiewicza W Poznanius.

Post, R. M., Pickar, D., Ballenger, J. C., Naber, D. & Rubinow, D. R. 1984. Endogenous opiates in cerebrospinal fluid: Relationship to mood and anxiety. In R. M. Post & J. C. Ballenger (Hg.), *Neurobiology of Mood Disorders*. London: Williams and Wilkins.

Price, V. A. 1982. *Type A behaviour pattern*. London: Academic Press.

Pullman, P. T., Watson, F. E., Seow, S. S. W. & Rappaport, W. 1983. Methadone-induced hypoadrenalism. *Lancet* 1, 1167.

Puska, P., Tuomilehito, J. & Saloney, J. 1979. Changes in coronary risk factors during a comprehensive five-year community programme to control cardiovascular disease. *British Medical Journal* 2, 1173–1178.

Putnam, H. 1962. What theories are not. In E. Nagel, P. Snypes & A. Tarski (Hg.), *Logic, Methodology, and Philosophy of Science.* Stanford University Press.

Rae, G. & McCall, J. 1973. Some international comparisons of cancer mortality rates and personality: A brief note. *The Journal of Psychology* 85, 87–88.

Rassidakis, N. C., Kelepouris, M. & Fox, S. 1971. Malignant neoplasms as a cause of death among psychiatric patients, I. *International Mental Health Research Newsletter* 13, 3–6.

Rassidakis, N. C., Kelepouris, M., Goulis, K. & Karaiossefidis, K. 1972. Malignant neoplasms as a cause of death among psychiatric patients, II. *International Mental Health Research Newsletter* 14, 3–6.

Rassidakis, N. C., Erotokristow, A., Validou, M. & Collaron, T. 1973a. Anxiety, schizophrenia and carcinogenesis. *International Mental Health Research Newsletter* 15, 3–6.

Rassidakis, N. C., Erotokristow, A., Validou, M. & Collaron, T. 1973b. Schizophrenia, psychosomatic illness and malignancy. *International Mental Health Research Newsletter* 15, 3–6.

Rassidakis, N. C., Erotokristow, A., Validou, M. & Collaron, T. 1973c. Malignant neoplasms as a cause of death among psychiatric patients, III. *International Mental Health Research Newsletter* 15, 3–6.

Rassidakis, N. C., Grotoerton, A. & Validou, M. 1973d. An essay on the study of the aetiology and pathogenesis of schizophrenia, the psychosomatic illnesses, diabetes mellitus, and cancer. *International Mental Health Research Newsletter* 15, 3–8.

Reid, D. D. & Rose, G. A. 1964. Assessing the comparability of mortality statistics. *British Medical Journal* 2, 1437–1439.

Reif, A. E. 1981. Effect of cigarette smoking on susceptibility to lung cancer. *Oncology* 38, 76–85.

Reus, V. I., Joseph, M. S. & Dallman, M. F. 1982. ACTH levels after the dexamethasone suppression test in depression. *New England Journal of Medicine* 306, 238–242.

Rhoads, G. G., Balckwelder, W. C., Stemmermann, G., Hayashi, T. & Kagan, A. 1978. Coronary risk factors and autopsy findings in Japanese-American men. *Laboratory Investigation* 38, 304–311.

Rigdon, R. H. & Kirchoff, H. 1953. Smoking and cancer of the lung – Let's review the facts. *Texas Reports on Biology and Medicine* 11, 715–727.

Riley, A. L. & Clarke, C. M. 1977. Conditioning and food selection. In L. M. Baker, M. R. Best & M. Domjan (Hg.), *Learning mechanisms in food selection.* Waco, Texas: Baylor University Press.

Riley, V., Fitsmaurice, M. A. & Spackman, D. H. 1982. Psychoneuroimmunologic factors in neoplasia: Studies in animals. In R. Ader (Hg.), *Psychoneuroimmunology*. New York: Academic Press.
Rime, B. & Bonami, M. 1979. Overt and covert personality traits associated with coronary heart disease. *British Journal of Medical Psychology* 52, 77–84.
Rogers, M. P., Reich, T. B., Strom, T. B. & Carpenter, T. B. 1976. Behaviourally conditioned immunosuppression: Replication of a recent study. *Psychosomatic Medicine* 38, 447–452.
Rose, G. 1964. Familial patterns in ischaemic heart disease. *British Journal of Preventive and Social Medicine* 18, 75–83.
Rose, G. 1977. Ischaemic heart disease. *Journal of Medical Genetics* 14, 330–331.
Rose, G. & Hamilton, P. J. S. 1978. A randomised controlled trial of the effect on middle aged men of advice to stop smoking. *Journal of Epidemiology and Community Health.* 32, 275–281.
Rose, G., Hamilton, P. J. S., Colvell, L. & Shipley, M. J. 1982. A randomized controlled trial of anti-smoking advice: 10-year results. *Journal of Epidemiology and Community Health* 36, 102–108.
Rosenblatt, M. B. 1969. The increase in lung cancer: Epidemic or artifact? *Medical Counterpoint* 1, 29–39.
Rosenblatt, M. B. 1974. Lung cancer and smoking – The evidence reassessed. *New Scientist*, May, 332.
Rosenblatt, M. B., Teng, P. K., Kerpe, S. & Beck, I. 1971a. Causes of death in 1000 consecutive autopsies. *New York State Journal of Medicine* 71, 2189–2193.
Rosenblatt, M. B., Teng, P. K., Kerpe, S. & Beck, I. 1971b. Prevalence of lung cancer: Disparity between clinical and autopsy certification. *Medical Counterpoint* 3, 53–59.
Rosenman, R. H. & Chesney, M. 1980. The relationship of type A behaviour patterns to coronary heart disease. *Activitas Nervosa Superior* 22, 1–46.
Rothman, K. J. & Monson, R. R. 1973. Epidemiology of trigeminal neuralgia. *Journal of Chronic Disease* 26, 3–12.
Royal College of Physicians. 1971. *Smoking and health now.* London: Pitman.
Royal College of Physicians. 1977. *Smoking and health now.* London: Pitman.
Royal College of Physicians. 1983. *Smoking and health now.* London: Pitman.
Royce, J. R. & Powell, A. 1983. *Theory of personality and individual differences: Factors, systems and processes.* Englewood Cliffs: Prentice-Hall.
Schairer, E. & Schoeniger, E. 1943. Lungenkrebs und Tabakverbrauch. *Zeitschrift für Krebsforschung* 54, 261–269.

Schneider, N. R. 1981. The relationship of genetic predisposition to cancer and age of onset of disease in a general population and cancer patients. Unveröffentlichte Dissertation, Cornell University.

Schonfield, J. 1975. Psychological and life-experience differences between Israeli women with benign and cancerous breast lesions. *Journal of Psychosomatic Research* 19, 229–234.

Schrek, R., Baker, A., Ballard, G. P. & Dolgoff, S. 1950. Tobacco smoking as an etiologic factor in disease. Teil 1: Cancer. *Cancer Research* 10, 49–58.

Schroeder, D. H. & Costa, P. T. In Vorb. The influence of life event stress on physical illness: Substantive effects or methodological flaws?

Seely, S. & Horrabin, D. F. 1983. Diet and breast cancer: The possible connection with sugar consumption. *Medical Hypotheses* 11, 319–327.

Segall, J. 1973. Is milk a coronary hazard? *British Journal of Preventive and Social Medicine* 31, 81–85.

Sehrt, E. 1904. Beiträge zur Kenntnis des primären Lungencarcinoma. Leipzig: George.

Seligman, M. E. P. & Hager, J. L. 1972. Biological boundaries of learning. New York: Appleton-Century-Crofts.

Seltzer, C. C. 1968. an evaluation of the effect of smoking on coronary heart disease. *The Journal of the American Medical Association* 203, 193–200.

Seltzer, C. C. 1970. The effect of cigarette smoking on coronary heart disease. *Archives of Environment and Health* 25, 187–191.

Seltzer, C. C. 1975. Smoking and cardiovascular disease. *American Heart Journal* 90, 125–176.

Shapiro, N. R., Dudek, B. C. & Rosellini, R. A. 1983. The role of associative factors in tolerance to the hypothermic effects of morphine in mice. *Pharmacology, Biochemistry and Behavior* 19, 327–333.

Shettleworth, S. J. 1972. Constraints on learning. In D. S. Lehrman, R. A. Hinde & E. Shaw (Hg.), *Advances in the study of behaviour* (Bd. 4). New York: Academic Press.

Shields, J. 1962. *Monozygotic twins*. Oxford: Oxford University Press.

Simarak, S., de Jong, U. W., Breslow, N., Dahl, C. J., Ruckphaopunt, K. Scheelings, P. & MacLennan, R. 1977. Cancer of the oral cavity, pharynx/larynx and lung in North Thailand: Case control study and analysis of cigar smoke. *British Journal of Cancer* 36, 130–140.

Sklar, L. S. & Anisman, H. 1979. Stress and coping factors influence tumour growth. *Science* 205, 513–515.

Sklar, L. S. & Anisman, H. 1981. Stress and cancer. *Psychological Bulletin* 89, 396–406.

Slack, J. & Evans, K. A. 1966. The increased risk of death from ischaemic heart disease in first degree relatives of 121 men and 96 women with ischaemic heart disease. *Journal of Medical Genetics* 3, 239–257.

Smithers. D. W. 1953. Facts and fancies about cancer of the lung. *British Medical Journal* 1, 1235–1239.

Smock, T. & Fields, H. L. 1981. ACTH (1–24) blocks opiate-induced analgesia in rats. *Brain Research* 212, 202–206.

Society for Psychosomatic Research. 1959. *The nature of stress disorder.* London: Hutchinson.

Spence, J. T. & Spence, K. W. 1966. The motivational components of manifest anxiety: Drive and drive stimuli. In C. D. Spielberger (Hg.), *Anxiety and Behaviour*. London: Academic Press.

Stebbings, J. H. 1971. Chronic respiratory disease among non-smokers in Hagerstown, Maryland. Teil II: Problems in the estimation of pulmonary function values in epidemiological surveys. *Environmental Research* 4, 163–192.

Stemmermann, G. A., Steer, A., Rhoads, G., Lee, K., Hayashi, T., Nakshima, T. & Keehn, R. 1976. A comparative pathology study of myocardial lesions ans atherosclerosis in Japanese men living in Hiroshima, Japan, and Honolulu, Hawaii. *Laboratory Investigations* 34, 592–600.

Steptoe, A. 1981. *Psychological factors in cardiovascular disease*. London: Academic Press.

Sterling, P. & Eyer, J. 1981, Biological basis of stress-related mortality. *Social Science and Medicine* 15, 3–42.

Sterling, T. D. 1973. The statistician vis-à-vis issues of public health. *The American Statistician* 27, 212–217.

Strong, L. C. 1977. Genetic ethiology of cancer. *Cancer Monograph* 40 (1), 438–444.

Suppe, F. (Hg.). 1974. *The structure of scientific theories*. Urbana, Ill.: University of Illinois Press.

Syme, S. L., Marmot, M. G., Kagan, A., Kato, H. & Rhoads, G. 1975. Epidemiological studies of coronary heart disease and stroke in Japanese men living in Japan, Hawaii, and California: Introduction. *American Journal of Epidemiology* 102, 477–480.

Tache, D., Selye, M. & Day, S. B. 1979. *Cancer, stress and death.* New York: Plenum.

Taylor, T., Dluhy, R. G. & Williams, G. H. 1983. Beta endorphin and cortisol in normal human subjects. *Endocrinology* 112, 41 A.

Thomas, C. B. 1968. On cigarette smoking, coronary heart disease, and the genetic hypothesis. *Johns Hopkins Medical Journal* 122, 69–76.

Thomas, C. B. 1976. Procession of preventive disease and death. *Annals of Internal Medicine* 85, 653–658.

Thomas, C. B. & Cohen, B. H. 1955. The familial occurrence of hypertension and coronary artery disease, with observations concerning obesity and diabetes. *Annals of Internal Medicine* 42, 90–96.

Thomas, C. B. & Duszynski, K. R. 1974. Closeness to parents and the family constellation in a prospective study of five disease states. *The Johns Hopkins Medical Journal* 134, 251–270.

Thomas, C. B. & Greenstreet, R. L. 1973. Psychobiological characteristics in youth as predictors of five disease states. *The Johns Hopkins Medical Journal* 132, 16–43.

Thurlbeck, W. M., Anderson, A. E., Jarvis, M., Mitchell, R. S., Pratt, P., Restrepo, G., Ryan, S. F. & Vincent, T. 1968. A cooperative study of certain measurements of emphysema. *Thorax* 23, 217–228.

Tiggeman, M., Winfefield, A. H. & Brebner, J. 1982. The role of extraversion in the development of learned helplessness. *Personality and Individual Differences* 3, 27–34.

Todd, G. F. & Mason, J. I. 1959. Concordance of smoking habits in monozygotic and dizygotic twins. *Heredity* 13, 417–444.

Tokuhata, G. K. 1964. Familial factors in human lung cancer and smoking. *American Journal of Public Health* 54, 24–32.

Tokuhata, G. K. & Lilienfeld, A. M. 1963a. Familial aggregation of lung cancer among hospital patients. *Washington Public Health Reports* 78, 277–283.

Tokuhata, G. K. & Lilienfeld, A. M. 1963b. Familial aggregation of lung cancer in humans. *Journal of the National Cancer Institute* 30, 289–312.

U. S. Surgeon-General. 1964. *Smoking and Health*. Washington: U. S. Department of Health, Education and Welfare.

U. S. Surgeon-General. 1971. *Health consequences of smoking*. Washington: U. S. Department of Health, Education and Welfare.

U. S. Surgeon-General. 1972. *Health consequences of smoking*. Washington: U. S. Department of Health, Education and Welfare.

U. S. Surgeon-General. 1973. *Health consequences of smoking*. Washington: U. S. Department of Health, Education and Welfare.

U. S. Surgeon-General. 1979. *Health consequences of smoking*. Washington: U. S. Department of Health, Education and Welfare.

U. S. Surgeon-General. 1982. *The health consequences of smoking – Cancer*. Rockville, Md.: U. S. Department of Health und Human Services.

Van Dijl 1979. Myocardial infarction patients und variability. *Journal of Psychosomatic Research* 23, 3–6.

Vlietstra, R. E., Kroumal, R. A., Frye, R. L., Seth, A. K., Tristani, F. E. & Ill, T. K. 1982. Factors affecting the extent and severity of coronary artery disease in patients enrolled in the coronary artery surgery study. *Arteriosclerosis* 2, 208–215.

Volavka, J., Bauman, J., Pevnick, J., Reker, D., James, B. & Cho, D. 1980. Short-term hormonal effects of naloxone in man. *Psychoendocrinology* 5, 225–234.

Waldron, H. A. & Vickerstaff, L. 1977. *Intimations of quality*. Oxford: Nuffield Provincial Hospitals Trust.

Walter, T. A. & Riccio, D. C. 1983. Overshadowing effects in the stimulus control of morphine analgesia tolerance. *Behavioural Neuroscience* 97, 658–662.

Watson, C. G. & Schuld, D. 1977. Psychosomatic factors in the etiology of neoplasms. *Journal of Counselling and Clinical Psychology* 45, 455–461.

Wayner, E. A., Flannery, G. R., Singer, G. 1978. Effects of taste aversion conditioning on the primary antibody response to sheep red blood cells and Brucella abortus in the albino rat. *Physiology and Behaviour* 21, 995–1006.
Wells, H. G. 1923. Relation of clinical to necropsy diagnosis in cancer and value of existing cancer statistics. *Journal of the American Medical Association* 80, 737–740.
Werko, L. 1976. Risk factors and coronary heart disease – fact or fancy? *American Heart Journal* 91, 87–98.
Westlund, K. 1970. Distribution and mortality time trend of multiple sclerosis and some other diseases in Norway. *Acta Neurologica Scandanavia* 46, 455–483.
Williams, R. B. 1983. Neuroendocrine response patterns and stress: Biobehavioural mechanisms of disease. In R. B. Williams (Hg.), *Perspectives on behavioural medicine: Neuroendocrine control and behaviour.* New York: Academic Press.
Williams, R. B., Barefoot, J. C. & Shekelle, R. B. 1984. The health consequences of hostility. In M. A. Chesney, S. E. Goldstan & R. H. Roseman (Hg.), *Anger, hostility and behavioural medicine.* New York: Hemisphere/McGraw-Hill.
Willis, R. A. 1967. *Pathology of tumours* (4. Aufl.). London: Butterworth.
Wilson, E. B. & Burke, M. H. 1957. Some statistical observations as a cooperative study of human pulmonary pathology. *Proceedings of the National Academy of Sciences* 43, 1073–1078.
Wimer, R. E., Norman, R. & Eleftheriow, B. E. 1974. Serotonin levels in hippocampus: Striking variations associated with mouse strain and treatment. *Brain Research* 63, 397, 401.
Winkelstein, W., Kagan, A., Kato, H. & Sacks, S. T. 1975. Blood pressure distributions. *American Journal of Epidemiology* 102, 502–513.
Working Party of the Royal College of Physicians of London and the British Cardiac Society. 1976. The care of the patient with coronary heart disease. *Journal of the Royal College of Physicians* 10, 213–275.
World Health Organization European Collaborative Group. 1982. Multifactorial trial in the prevention of coronary heart disease. Teil 2: Risk factor change at two and four years. *European Heart Journal* 3, 184–190.
Worth, R. M., Kato, H., Rhoads, G. G., Kagan, A. & Syme, S. L. 1975. Mortality. *American Journal of Epidemiology* 102, 481–490.
Wynder, E. L. & Graham, E. A. 1950. Tobacco smoking as a possible etiologic factor in bronchiogenic carcinoma: A study of six hundred and eighty-four proved cases. *Journal of the American Medical Association* 143, 329–336.
Yerevanian, B. I., Woolf, P. D. & Iker, H. D. 1983. Plasma ACTH levels in depression before and after recovery: Relationship to dexamethasone suppression test. *Psychiatry Research* 10, 175–181.

Yerushalmy, J. 1962. Statistical consideration and evaluation of epidemiological incidence. In G. James & T. Rosenthal (Hg.), *Tobacco and health*. Springfield: C. C. Thomas.

Yerushalmy, J. 1966. On inferring causality from observed associations. In F. J. Ingelpinger, A. S. Relman & M. Finland (Hg.), *Controversy in internal medicine*. London: W. B. Saunder.

Yesner, R. 1973. Observer variability and reliability in lung cancer diagnosis. *Cancer Chemotherapy Reports* 4, 55–57.

Yesner, R., Ceostl, B. & Anerbach, O. 1965. Application of the World Health Organisation classification of lung carcinoma to biopsy material. *The Annals of Thoracic Surgery* 1, 33–49.

Yesner, R., Selfman, N. A. & Feinstein, A. R. 1973. A reappraisal of histopathology in lung cancer and correlation of all types with antecedent cigarette smoking. *American Review of Respiratory Disease* 107, 790–797.